从零开始做
抖音电商

引流涨粉+直播带货+橱窗小店+广告盈利

叶飞 编著

清华大学出版社
北京

内 容 简 介

抖音账号如何引流增粉？如何进行直播带货？如何做好橱窗小店？广告如何快速变现？

本书包括12章专题内容、160多个纯高手干货技巧，从账号打造、带货视频、站内引流、站外引流、优化搜索、直播入门、主播培养、直播话术、直播带货、商品橱窗、抖音小店和广告变现等角度，帮助大家从新手成长为抖音电商运营高手，并对引流增粉、直播带货、橱窗小店和广告盈利的实用技巧进行全面解读，配合具体的运营案例和操作步骤进行剖析，帮助大家轻松玩转抖音电商，实现年赚百万的梦想！

本书既可以帮助抖音电商运营者快速提升自身变现能力，也有助于对抖音运营感兴趣的人群全面了解抖音运营及变现技巧，还可为快手、B站、微信视频号、抖音火山版和西瓜视频的运营者提供账号运营及变现思路。

本书封面贴有清华大学出版社防伪标签，无标签者不得销售。
版权所有，侵权必究。举报：010-62782989，beiqinquan@tup.tsinghua.edu.cn。

图书在版编目(CIP)数据

从零开始做抖音电商：引流涨粉+直播带货+橱窗小店+广告盈利 / 叶飞编著. —北京：清华大学出版社，2022.2（2025.3重印）
ISBN 978-7-302-59928-9

Ⅰ．①从… Ⅱ．①叶… Ⅲ．①网络营销 Ⅳ．①F713.365.2

中国版本图书馆CIP数据核字(2022)第016013号

责任编辑：	张　瑜
封面设计：	杨玉兰
责任校对：	李玉茹
责任印制：	曹婉颖

出版发行：清华大学出版社
网　　址：https://www.tup.com.cn，https://www.wqxuetang.com
地　　址：北京清华大学学研大厦A座　　邮　编：100084
社 总 机：010-83470000　　邮　购：010-62786544
投稿与读者服务：010-62776969，c-service@tup.tsinghua.edu.cn
质量反馈：010-62772015，zhiliang@tup.tsinghua.edu.cn

印 装 者：	小森印刷（北京）有限公司				
经　　销：	全国新华书店				
开　　本：	170mm×240mm	印　张：	15.5	字　数：	295千字
版　　次：	2022年2月第1版			印　次：	2025年3月第5次印刷
定　　价：	69.80元				

产品编号：045769-01

前言

成功的运营者都懂得顺势而为。近年来，视频行业特别是短视频行业得到了飞速发展，在这种形势下，许多运营者开始转战短视频平台，将短视频平台作为一个重要的宣传和变现渠道。

目前市面上的短视频平台有很多，而抖音无论是用户数还是影响力，都居于行业前列。也正是因为如此，许多运营者纷纷入驻抖音平台，期待在该平台中挖掘一桶金。毫无疑问，抖音短视频平台潜藏着巨大的商机，只要运营者懂得电商运营，刺激用户的消费欲望，便可以获得一定的收益。当然，运营抖音号的人比较多，用户在抖音上购买一件产品也有很多选择。运营者需要做的是得到用户的认可，使自己销售的产品成为首选。然而，许多运营者对抖音电商的认识有限，甚至对部分抖音电商运营功能还不知道。在这种情况下，又怎么充分挖掘潜在顾客的购买力，获得预期的收益呢？为了帮助大家更好地掌握抖音电商运营技巧，轻松玩转抖音电商运营，笔者结合个人实战经验推出了本书。

本书通过12章内容、160多个干货技巧、400多张图片，对引流增粉、直播带货、橱窗小店和广告盈利这4个抖音电商运营的关键内容进行了全面解读。大家只需要读懂并运用书中的知识，便可以快速提高自身的电商运营能力。而且本书中每个知识要点都配备了具体的案例，很多运营技巧甚至展示了具体的操作步骤，所以，即便是不了解抖音电商的运营者，也能快速地读懂本书，并运用书中的知识快速精通抖音电商运营。

需要特别提醒的是，在编写本书时，笔者是基于当时各平台和软件截取的实际操作图片，但一本书从编辑到出版需要一段时间，在这段时间里，软件界面与功能会有所调整与变化，比如有的内容删除了，有的内容增加了，这是软件开发商做的更新，请在阅读时，根据书中的思路，举一反三，灵活掌握。

本书由叶飞编著，参与编写的人员还有高彪等人，在此表示感谢。由于作者知识水平有限，书中难免有错误和疏漏之处，恳请广大读者批评、指正。

编　者

目录

第 1 章　账号打造：为抖音电商运营做准备 ··········· 1

1.1　确定账号定位 ············ 2
- 1.1.1　行业定位 ············ 2
- 1.1.2　内容定位 ············ 3
- 1.1.3　产品定位 ············ 4
- 1.1.4　用户定位 ············ 5
- 1.1.5　人设定位 ············ 8

1.2　设置账号信息 ············ 9
- 1.2.1　创建账号 ············ 9
- 1.2.2　账号名字 ············ 10
- 1.2.3　账号头像 ············ 12
- 1.2.4　账号简介 ············ 14
- 1.2.5　账号头图 ············ 15
- 1.2.6　其他信息 ············ 18

1.3　账号运营的要点 ············ 20
- 1.3.1　遵守平台的规则 ············ 20
- 1.3.2　选择发布的时间 ············ 20
- 1.3.3　注重团队的力量 ············ 21
- 1.3.4　不要随意删除视频 ············ 22
- 1.3.5　分析数据做好复盘 ············ 23
- 1.3.6　规避运营的误区 ············ 24

第 2 章　带货视频：通过产品展示引导购物 ··········· 27

2.1　视频带货的展示形式 ············ 28
- 2.1.1　通过图文叠加展示产品 ············ 28
- 2.1.2　通过拍摄视频展示产品 ············ 28
- 2.1.3　通过真人出镜展示产品 ············ 29

2.2　视频带货的技巧 ············ 30
- 2.2.1　添加产品购买链接 ············ 30
- 2.2.2　善用异性相吸原则 ············ 32
- 2.2.3　刺激目标用户需求 ············ 33
- 2.2.4　点出核心用户群体 ············ 33
- 2.2.5　提前做好预售种草 ············ 34
- 2.2.6　将硬广告变成推荐 ············ 35

2.3　实用的带货功能 ············ 36
- 2.3.1　同城功能 ············ 36
- 2.3.2　朋友功能 ············ 38
- 2.3.3　POI 功能 ············ 39
- 2.3.4　上热门功能 ············ 41

第 3 章　站内引流：将用户拉入私域流量池 ··········· 45

3.1　抖音引流的具体方法 ············ 46
- 3.1.1　硬广引流 ············ 46
- 3.1.2　合拍引流 ············ 46
- 3.1.3　直播引流 ············ 49
- 3.1.4　评论引流 ············ 49
- 3.1.5　互推引流 ············ 50
- 3.1.6　矩阵引流 ············ 51
- 3.1.7　分享引流 ············ 52
- 3.1.8　私信引流 ············ 54
- 3.1.9　收藏引流 ············ 56
- 3.1.10　抖音码引流 ············ 57

3.2　将用户变成微信好友 ············ 60
- 3.2.1　通过账号名称展示微信号 ············ 60
- 3.2.2　通过账号简介展示微信号 ············ 61

3.2.3 在抖音号中展示微信号 …… 61
  3.2.4 在账号头图中展示微信号 … 61
  3.2.5 在短视频中展示微信号 …… 62

第 4 章　站外引流：借助各种平台汇聚流量 …… 63

 4.1 社交平台引流 …… 64
  4.1.1 微信引流 …… 64
  4.1.2 QQ 引流 …… 68
  4.1.3 微博引流 …… 69
 4.2 资讯平台引流 …… 70
  4.2.1 今日头条引流 …… 70
  4.2.2 百度引流 …… 73
  4.2.3 一点资讯引流 …… 74
 4.3 视频平台引流 …… 76
  4.3.1 快手引流 …… 76
  4.3.2 爱奇艺引流 …… 78
  4.3.3 西瓜视频引流 …… 79
 4.4 音频平台引流 …… 81
  4.4.1 QQ 音乐引流 …… 81
  4.4.2 蜻蜓 FM 引流 …… 82
 4.5 线下平台引流 …… 84
  4.5.1 线下拍摄引流 …… 84
  4.5.2 线下转发引流 …… 84
  4.5.3 线下扫码引流 …… 84

第 5 章　优化搜索：增加视频和账号的曝光量 …… 87

 5.1 把握搜索界面的功能 …… 88
  5.1.1 抖音"搜索"功能 …… 88
  5.1.2 "猜你想搜"功能 …… 89
  5.1.3 "抖音热榜"功能 …… 90
  5.1.4 "音乐榜"功能 …… 91

 5.2 做好搜索关键词的研究 …… 92
  5.2.1 什么是搜索关键词 …… 93
  5.2.2 关键词的价值评估 …… 95
  5.2.3 关键词的流量转化 …… 96
  5.2.4 细化分析关键词 …… 97
  5.2.5 名称和标题的关键词 …… 98
  5.2.6 提高关键词的匹配度 …… 100
  5.2.7 挖掘新的热门关键词 …… 103
 5.3 增加视频内容的曝光量 …… 103
  5.3.1 从用户角度出发 …… 104
  5.3.2 学习竞争对手的经验 …… 105
  5.3.3 借助明星效应引流 …… 105
  5.3.4 插入自身心得体会 …… 106
 5.4 积极发挥关键词的作用 …… 106
  5.4.1 优化关键词的技巧 …… 106
  5.4.2 预测关键词的方法 …… 107
  5.4.3 用热点增加曝光量 …… 108
  5.4.4 用话题增加搜索机会 …… 109

第 6 章　直播入门：为带货做好全面的准备 …… 111

 6.1 抖音直播的基础知识 …… 112
  6.1.1 了解直播的主要入口 …… 112
  6.1.2 开直播的具体步骤 …… 116
  6.1.3 查看直播排行情况 …… 118
  6.1.4 直播礼物与收入 …… 120
  6.1.5 专业直播间的打造 …… 122
  6.1.6 常见直播问题的解决 …… 130
 6.2 做好直播的预热工作 …… 132
  6.2.1 发布直播预告 …… 132
  6.2.2 预告直播时间 …… 133
 6.3 警惕抖音直播的雷区 …… 134
  6.3.1 盲目从众 …… 134

6.3.2 内容雷同 …………………… 135
6.3.3 非法侵扰 …………………… 135
6.3.4 偷税漏税 …………………… 136

第7章 主播培养：将新人培养成带货达人 …………… 137

7.1 培养主播的各项素养 …………… 138
7.1.1 专业能力 …………………… 138
7.1.2 语言能力 …………………… 140
7.1.3 心理素质 …………………… 142

7.2 积极做好互动交流 ……………… 143
7.2.1 根据主题准备直播 ………… 143
7.2.2 正确回答热点问题 ………… 143
7.2.3 幽默作答活跃气氛 ………… 144
7.2.4 直播控场避免冷场 ………… 145

7.3 打造你的专属直播 ……………… 148
7.3.1 留下个人口头禅 …………… 149
7.3.2 打造独特造型 ……………… 149
7.3.3 树立主播的人设 …………… 149
7.3.4 用好特色装饰 ……………… 152

第8章 直播话术：积极引导用户下单购物 ……………… 155

8.1 直播通用话术 …………………… 156
8.1.1 欢迎用户进入 ……………… 156
8.1.2 感谢用户支持 ……………… 157
8.1.3 提问活跃气氛 ……………… 157
8.1.4 引导用户为你助力 ………… 157
8.1.5 传达下播信号 ……………… 157

8.2 直播促销话术 …………………… 158
8.2.1 介绍产品优势 ……………… 158
8.2.2 赞美引导用户 ……………… 159
8.2.3 强调产品优势 ……………… 160

8.2.4 示范推销产品 ……………… 160
8.2.5 告知限时优惠 ……………… 162
8.2.6 借用大咖金句 ……………… 163
8.2.7 解决用户痛点 ……………… 163
8.2.8 解决后顾之忧 ……………… 165

8.3 直播答问话术 …………………… 166
8.3.1 产品是否适用 ……………… 166
8.3.2 主播自身情况 ……………… 167
8.3.3 产品能否试用 ……………… 168
8.3.4 ×号宝贝的价格 …………… 168
8.3.5 质问主播不理会 …………… 170

第9章 直播带货：提高目标用户的购买欲 ……………… 171

9.1 直播带货5步法 ………………… 172
9.1.1 取得用户信任 ……………… 172
9.1.2 塑造产品价值 ……………… 173
9.1.3 了解用户需求 ……………… 174
9.1.4 根据需求推荐 ……………… 175
9.1.5 促使用户下单 ……………… 175

9.2 做好直播选品 …………………… 176
9.2.1 根据定位选择 ……………… 176
9.2.2 查看产品销量 ……………… 176
9.2.3 亲自体验产品 ……………… 176
9.2.4 了解产品卖点 ……………… 177

9.3 掌握带货技巧 …………………… 177
9.3.1 利用卖点提高销量 ………… 177
9.3.2 借助用户树立口碑 ………… 179
9.3.3 围绕产品策划段子 ………… 181
9.3.4 展现产品自身的实力 ……… 181
9.3.5 比较同类产品的差价 ……… 182
9.3.6 增值内容提高获得感 ……… 182
9.3.7 呈现产品的使用场景 ……… 183

9.3.8　选用专业的直播导购 ……… 184

第 10 章　商品橱窗：将产品集中地进行展示 …………… 187

10.1　商品橱窗的基础认知 ……… 188
  10.1.1　开通商品橱窗的好处 ……… 188
  10.1.2　开通商品橱窗的方法 ……… 190
  10.1.3　查看橱窗商品的数据 ……… 192
  10.1.4　禁止发布的商品类目 ……… 193
  10.1.5　购物车商品分享规范 ……… 195

10.2　商品橱窗的基本管理 ……… 197
  10.2.1　添加商品 ……… 198
  10.2.2　删除商品 ……… 200
  10.2.3　商品置顶 ……… 201
  10.2.4　更新信息 ……… 203
  10.2.5　预览橱窗 ……… 203

第 11 章　抖音小店：自主打造抖音自营店铺 …………… 205

11.1　了解抖音小店的基础知识 ……… 206
  11.1.1　入驻所需的材料和费用 ……… 206
  11.1.2　抖音小店的入驻方法 ……… 209
  11.1.3　抖音小店和商品橱窗的区别 ……… 212
  11.1.4　抖音小店的呈现形式 ……… 212
  11.1.5　小店商品如何进行变现 ……… 214

11.2　利用相关功能做好抖音小店 ……… 214
  11.2.1　活动玩法功能 ……… 214
  11.2.2　课程中心功能 ……… 216
  11.2.3　考试中心功能 ……… 217

第 12 章　广告变现：发挥抖音号的商业价值 …………… 223

12.1　快速了解抖音广告变现 ……… 224
  12.1.1　什么是抖音短视频广告 ……… 224
  12.1.2　如何预约广告顾问咨询 ……… 226
  12.1.3　广告合作中的 3 种角色 ……… 227
  12.1.4　抖音广告合作的基本流程 … 228
  12.1.5　抖音广告任务的发布和接取 ……… 229

12.2　常见的广告变现方式 ……… 235
  12.2.1　带货赚佣金 ……… 235
  12.2.2　广告代言 ……… 236
  12.2.3　发广告视频 ……… 236
  12.2.4　直播打广告 ……… 237
  12.2.5　为自己打广告 ……… 238

第1章
账号打造：为抖音电商运营做准备

学前提示

作为一个拥有着巨大流量的平台，抖音俨然已经成为各自媒体、品牌和企业必备的运营平台。那么，抖音平台运营需要做好哪些工作呢？

这一章笔者将从账号定位、账号信息设置和抖音运营注意事项等方面，全面解读抖音电商运营的准备工作。

1.1 确定账号定位

在进行抖音电商运营的过程中，必须做好账号定位。账号定位，简单地理解就是确定账号的运营方向。抖音号定位具体可细分为行业定位、内容定位、产品定位、用户定位和人设定位5个部分。可以说，只要账号定位准确，运营者就能很好地把握住账号的发展方向，获得更多消费者的认可。

1.1.1 行业定位

行业定位就是确定账号分享的内容所属的行业和领域。通常来说，运营者在做行业定位时，只需选择自己擅长的领域，并在账号名字上体现自身的行业定位即可。例如，擅长摄影的运营者可以选择将摄影领域作为行业定位；擅长美食制作的运营者，可以选择将美食领域作为行业定位，如图1-1所示。

图1-1 根据擅长领域做行业定位的案例

当然，有时候某个行业包含的内容比较广泛，并且抖音上做该行业内容的抖音号已经比较多了，此时，运营者便可以通过对行业进行细分，侧重从某个细分领域打造账号内容。

比如，化妆行业包含的内容比较多，这时候我们就可以通过领域细分从某方面进行重点突破。这方面比较具有代表性的，当属某位有着"口红一哥"之称的美妆类运营者了。该运营者通过重点分享与口红相关的内容，来吸引对口红感兴趣的人群。

又如，摄影包含的内容比较多，随着越来越多的人开始直接用手机拍摄视频，对手机摄影技巧感兴趣的人也越来越多，因此，某抖音号便针对这一点专门深挖手机摄影技巧，并将账号定位为手机摄影技巧的分享账号，如图1-2所示。

图1-2 定位为手机摄影技巧分享的账号

1.1.2 内容定位

抖音号的内容定位就是确定账号的内容方向,据此有针对性地生产内容并进行电商运营。通常来说,运营者在做内容定位时,只需结合账号定位确定需要发布的内容即可。例如,抖音号"手机摄影构图大全"的账号定位是做一个手机摄影构图类的账号,所以该账号发布的内容以分享手机摄影构图技巧为主,如图1-3所示。

 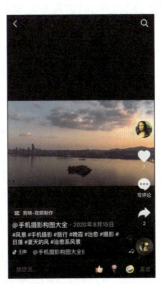

图1-3 抖音号"手机摄影构图大全"发布的内容

运营者确定了账号的内容方向之后,便可以根据该方向进行内容的生产了。

当然，在抖音号运营的过程中，内容的生产也是有技巧的。具体来说，运营者在生产内容时，可以运用以下技巧，持续打造优质的带货内容，增强电商带货的效果，如图1-4所示。

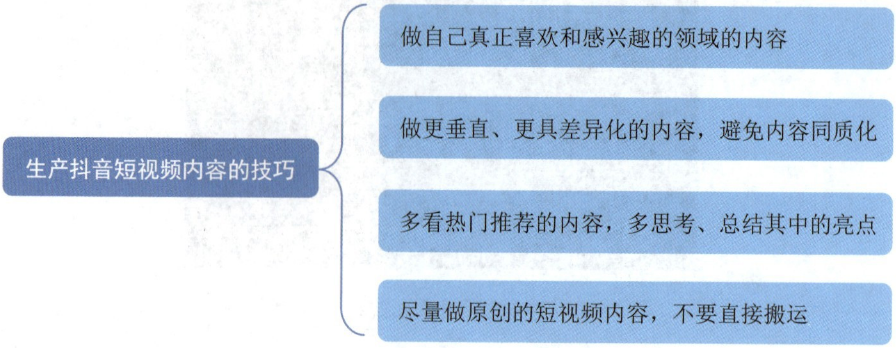

生产抖音短视频内容的技巧：
- 做自己真正喜欢和感兴趣的领域的内容
- 做更垂直、更具差异化的内容，避免内容同质化
- 多看热门推荐的内容，多思考、总结其中的亮点
- 尽量做原创的短视频内容，不要直接搬运

图1-4　生产抖音短视频内容的技巧

1.1.3　产品定位

大部分运营者做抖音号运营的目的，就是希望能够借此变现，获得一定的收益。而产品销售又是比较重要的一种变现方式，因此选择合适的变现产品，进行产品的定位就显得尤为重要了。

那么，运营者要如何进行产品定位呢？在笔者看来，根据运营者自身的情况，可以将抖音号的产品定位分为两种：一种是根据自身拥有的产品进行定位，另一种是根据自身业务范围进行定位。

根据自身拥有的产品进行定位很好理解，就是看自己有哪些产品是可以销售的，然后将这些产品作为销售对象进行营销。

例如，某位运营者拥有多种水果的货源，于是其将账号定位为水果销售类账号。他不仅将账号命名为"××水果基地"，而且通过视频进行水果的展示，并为用户提供了水果的购买链接，如图1-5所示。

根据自身业务范围进行定位，就是发布与账号业务相关的短视频，然后根据短视频内容插入对应的产品链接。这种定位方式比较适合自身没有产品的运营者，这类运营者只需根据短视频内容添加他人的产品链接，便可以借助该产品的链接获得佣金收入。

例如，某位美食类运营者本身是没有产品货源的，他通过在短视频中添加他人店铺中的产品链接来获取佣金收入。如图1-6所示，为该账号发布的一条短视频，可以看到其便是在制作豆腐的短视频中，对豆浆机进行了展示，并为用户提供了购买链接。

图 1-5 根据自身拥有的产品进行的产品定位

图 1-6 根据自身业务范围进行的产品定位

1.1.4 用户定位

在抖音号的运营过程中，运营者如果能够明确用户群体，做好用户定位，并针对主要的用户群体进行营销，那么账号生产的内容将更有针对性，同时内容的带货能力也将变得更强。

在做用户定位时，运营者可以从性别、年龄和地域分布等方面分析目标用户，了解用户的画像，并在此基础上更好地做出有针对性的运营策略和精准营销，让电商带货更加有的放矢。

（1）性别：可以分析账号的粉丝是男性多，还是女性多。如果你带货的产品的主要消费群体为女性，但是账号中的粉丝却是男性偏多，那你就需要有意识地多打造一些吸引女性用户的内容。

（2）年龄：可以分析账号中粉丝的各年龄段占比情况，了解粉丝主要集中在哪个年龄段，然后重点生产受这个年龄段粉丝欢迎的内容，增强粉丝的黏性。

（3）地域分布：可以明确粉丝主要集中于哪些地区，然后结合这些地区的特点和文化，生产粉丝更喜欢的内容。

在了解用户画像的情况时，我们可以适当地借助一些分析软件。例如，我们可以通过如下步骤，在飞瓜数据微信小程序中了解抖音号的用户画像。

步骤01 登录微信App，进入"发现"界面，点击界面中的"小程序"按钮，如图1-7所示。

步骤02 操作完成后，即可进入"小程序"界面，如图1-8所示。

图1-7 点击"小程序"按钮

图1-8 "小程序"界面

步骤03 在"小程序"界面的搜索栏中，输入"飞瓜数据"；在搜索结果界面中，点击"飞瓜数据-小程序"下方"飞瓜数据"所在的位置，如图1-9所示。

步骤04 操作完成后，即可进入"飞瓜数据"界面，如图1-10所示。

步骤05 在"飞瓜数据"界面的搜索栏中，输入需要查看用户画像的账号名称，进行账号搜索；从搜索结果中，选择对应的抖音号，如图1-11所示。

图 1-9　点击"飞瓜数据"所在的位置　　图 1-10　"飞瓜数据"界面

步骤 06　操作完成后,即可进入"播主详情"界面,查看该账号的相关情况,如图 1-12 所示。

图 1-11　选择对应的抖音号　　图 1-12　"播主详情"界面

步骤 07　向上滑动页面,即可在"播主详情"界面的"粉丝画像"板块中看到"性别年龄分布"情况。除了性别年龄分布之外,还可点击查看"地域分布""星座分布"的相关情况。如图 1-13 所示,为某账号"粉丝画像"板块中的"性别年龄分布"和"地域分布"界面。

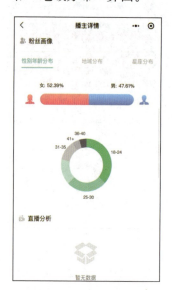
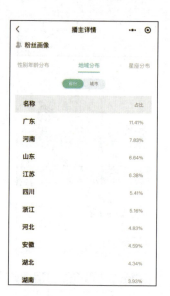

图1-13 "粉丝画像"板块中的"性别年龄分布"和"地域分布"界面

1.1.5 人设定位

人设，是人物设定的简称。所谓人物设定，就是运营者通过短视频和直播内容，塑造出镜人物的典型形象和个性特征。通常来说，成功的人设能在用户心中留下深刻的印象，让用户能够通过某个或者某几个标签，快速地想到该抖音号及账号中的出镜人物。

例如，说到"反串""一人分饰两角"这两个标签，大多数抖音用户可能首先想到的就是某个抖音号。这主要是因为该账号运营者在自己发布的短视频中，会同时扮演一位红色披肩长发的"女性"和该女性的男朋友。也就是说，这位运营者直接一人分饰两角。再加上其发布的抖音短视频内容很贴近生活，而且其人物的表达又比较幽默，因此该账号发布的内容，通常会快速地吸引大量用户的关注。

人物设定的关键就在于为主要出镜人物贴上标签。那么，如何才能快速地为人物贴上标签呢？其中一种比较有效的方式就是通过短视频内容来凸显人物某方面的特征，从而强化人物的标签。

例如，某运营者为了凸显其主要出镜人物的手工达人标签，经常会发布一些传授手工制作技巧的短视频，如图1-14所示。因为该账号发布的短视频中，运营者制作的手工作品看上去比较精致，再加上短视频的发布频率比较高，展示的手工作品比较多，让人觉得这位运营者懂得的手工制作技巧很多，所以该账号运营者的手工达人标签便得到了强化。

图1-14 通过发布短视频凸显人物标签

1.2 设置账号信息

确定了账号定位之后，运营者便可以创建账号，并通过账号信息的设置，展示自身的定位，从而吸引目标用户的关注了。

那么，运营者要如何创建抖音号？如何通过账号信息的设置，更好地进行电商运营呢？这一节笔者就来回答这两个问题。

1.2.1 创建账号

在抖音中，我们无须进行复杂的账号注册操作，只需用手机号或微信等账号直接登录即可创建账号。具体来说，可以通过如下步骤，创建并登录抖音号。

步骤 01 进入抖音短视频App之后，点击"首页"界面中的"我"按钮，如图1-15所示。

步骤 02 操作完成后，进入账号登录界面。我们可以点击"本机号码一键登录"按钮，用手机号登录抖音。除了用手机号登录之外，还可以点击 ⋯ 图标，通过其他方式登录抖音号，如图1-16所示。

步骤 03 点击 ⋯ 图标，便会弹出其他登录抖音号方式选项。例如，我们如果要用微信号登录，可以点击 图标，如图1-17所示。操作完成后，便可进入微信登录确认界面，如图1-18所示。我们只需点击界面中的"同意"按钮，便可用微信号登录抖音。

图 1-15　点击"我"按钮

图 1-16　点击 ⋯ 图标

图 1-17　点击 🟢 图标

图 1-18　点击"同意"按钮

1.2.2　账号名字

运营者可以自主地设置和修改账号的名字。具体来说，修改账号名字的操作步骤如下。

步骤 01　登录抖音短视频 App，进入"我"界面，点击界面中的"编辑资料"

按钮，如图1-19所示。

步骤02 进入"编辑个人资料"界面，选择"名字"选项，如图1-20所示。

图1-19 点击"编辑资料"按钮

图1-20 选择"名字"选项

步骤03 进入"修改名字"界面，在"我的名字"下方的输入栏中，输入新的抖音号名字；点击"保存"按钮，如图1-21所示。

步骤04 操作完成后，返回"我"界面，可以看到此时账号名字已完成修改，如图1-22所示。

图1-21 点击"保存"按钮

图1-22 完成账号名字的修改

在设置抖音号名字时有两个基本的技巧,具体如下。

(1)名字不能太长,应尽量控制在10字以内,太长的话用户可能记不住。

(2)名字要体现出账号的行业定位,让用户明白你主要是做哪方面的内容。

1.2.3 账号头像

在抖音短视频App中,运营者可以通过如下两种方式设置账号头像。

1. 在"我"界面中设置

在抖音短视频App的"我"界面中,运营者可以通过如下步骤设置头像。

步骤01 进入抖音短视频App的"我"界面,点击界面中的抖音号头像,如图1-23所示。

步骤02 进入头像展示界面,点击下方的"更换头像"按钮,如图1-24所示。

图1-23 点击抖音号头像　　　图1-24 点击"更换头像"按钮

步骤03 操作完成后,弹出头像修改方式提示框,如图1-25所示。运营者可以通过"拍一张"或"相册选择"的方式设置账号头像。这里笔者以"相册选择"方式设置账号头像为例进行说明。

步骤04 选择"相册选择"选项之后,从相册中选择要作为账号头像的照片,如图1-26所示。

步骤05 进入"裁剪"界面,对图片进行裁剪之后,点击下方的"确定"按钮,如图1-27所示。

步骤06 操作完成后,返回"我"界面,便可以看到头像修改完成了,如

图 1-28 所示。

图 1-25 选择"相册选择"选项

图 1-26 选择要作为账号头像的照片

图 1-27 点击"确定"按钮

图 1-28 完成头像修改

2. 在"编辑个人资料"界面中设置

在"编辑个人资料"界面中，运营者只需点击头像，便可在弹出的提示框中选择设置头像的方式，如图 1-29 所示。

从零开始做抖音电商：引流涨粉 + 直播带货 + 橱窗小店 + 广告盈利

图 1-29　在"编辑个人资料"界面中设置头像

如选择"相册选择"选项之后，只需按照在"我"界面中设置账号头像的步骤 04 至步骤 06 操作，便可完成头像的设置。

设置抖音号头像有两个基本的技巧，具体如下。

（1）头像一定要清晰。

（2）个人账号的头像一般使用运营者的肖像；企业账号的头像可以使用代表人物的肖像或者使用公司名称、品牌 Logo 等。

1.2.4　账号简介

在抖音号简介中，运营者可以对带货领域、品种和品牌等进行说明；可以留下微信号等联系方式，以更好地与潜在顾客进行沟通；甚至可以直接写明账号直播的时间，以吸引更多用户观看直播。具体来说，运营者可以通过如下步骤设置抖音号的简介内容。

步骤 01　进入"编辑个人资料"界面，选择界面中的"简介"选项，如图 1-30 所示。

步骤 02　操作完成后，进入"修改简介"界面。在界面中，输入简介内容；点击"保存"按钮，如图 1-31 所示。

步骤 03　操作完成后，返回"我"界面，便可以看到设置成功的简介内容，如图 1-32 所示。

抖音号的简介内容通常要做到简单明了，让用户看到之后就能把握住重点信息，其基本设置技巧如下。

图1-30 选择"简介"选项　　图1-31 点击"保存"按钮　　图1-32 简介内容设置成功

（1）为了更好地吸引用户关注账号，运营者可以在简介的前半部分描述账号的特点或功能，后半部分引导用户关注账号。

（2）在简介中引导用户添加你的微信号时，尽量避免直接使用"微信"这个字眼，可以使用"VX""V""微X"等来代替"微信"，如图1-33所示。

图1-33 用"V"代替"微信"

1.2.5 账号头图

抖音号头图就是指抖音号主页界面上方的图片。部分抖音运营者认为头图设置不设置无所谓，其实不然。

如图1-34所示，为一个只有抖音默认头图的抖音号主页。看到这张图片之后你有什么感觉呢？笔者的感觉是，这个主页好像缺少什么东西，而且运营者连头图都不设置，像是没怎么用心运营。

图 1-34 只有抖音默认头图的抖音号主页

其实，即便是随意换一张图片，感觉也比直接用抖音的默认头图要好得多。不仅如此，头图本身也是一个很好的宣传场所。例如，运营者可以设置带有引导关注类文字的头图，以提高账号的吸粉能力，如图 1-35 所示。

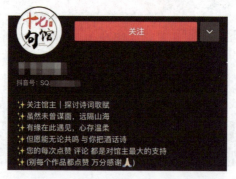

图 1-35 在头图中引导用户关注账号

又如，运营者还可以在头图中展示自身的业务范围，让用户一看就知道你带的是哪方面的货或提供哪方面的服务，如图 1-36 所示。这样，当用户有相关需求时，便会将你作为重要的选择项。

那么，如何设置抖音号的头图呢？下面笔者就来介绍具体的操作步骤。

步骤 01 进入抖音短视频 App 的"我"界面，点击界面上方头图所在的位置，如图1-37所示。

图1-36 在头图中展示账号提供的服务

步骤02 操作完成后,进入头图展示界面,点击界面下方的"更换"按钮,如图1-38所示。

图1-37 点击头图所在的位置

图1-38 点击"更换"按钮

步骤03 操作完成后,弹出头图设置方式提示框,如图1-39所示。大家可以通过"拍摄""相册选择"或"从默认图库选择"等方式进行账号头图的设置。这里笔者以用"相册选择"方式设置账号头图为例进行说明。

步骤04 选择"相册选择"选项之后,从相册中选择要作为账号头图的照片,如图1-40所示。

图 1-39 弹出头图设置方式提示框　　图 1-40 选择要作为账号头图的照片

步骤 05 操作完成后,进入"裁剪"界面,如图 1-41 所示。在该界面中可以裁剪和预览头图展示效果。裁剪完成后,点击下方的"确定"按钮。

步骤 06 操作完成后,返回"我"界面,如果头图完成了更换,就说明头图设置成功了,如图 1-42 所示。

图 1-41 "裁剪"界面　　　　　图 1-42 账号头图设置成功

1.2.6 其他信息

除了名字、头像、简介和头图之外,运营者还可以对性别、所在地、学校和家乡等信息进行设置。这几类信息的设置方法基本相似,下面笔者以设置学校为例,介绍操作步骤。

步骤01 进入"编辑个人资料"界面,点击"学校"右侧的"点击设置"按钮,如图1-43所示。

步骤02 操作完成后,进入"添加学校"界面,如图1-44所示。在该界面中,运营者可以对学校、院系、入学时间、学历和展示范围进行设置。

图1-43 点击"点击设置"按钮　　图1-44 "添加学校"界面

步骤03 信息设置完成后,点击界面上方的"保存"按钮,如图1-45所示。操作完成后,返回"编辑个人资料"界面。如果此时"学校"右侧显示了相关信息,就说明学校信息设置成功了,如图1-46所示。

图1-45 点击"保存"按钮　　图1-46 学校信息设置成功

从零开始做抖音电商：引流涨粉＋直播带货＋橱窗小店＋广告盈利

1.3 账号运营的要点

面对火爆的抖音，普通用户如何才能正确地做好运营，甚至让它为我们带来一笔不菲的收入呢？这就需要运营者重点掌握抖音号运营的要点了。

1.3.1 遵守平台的规则

对于运营者来说，做原创才是最长久、最靠谱的一件事情。在互联网上，想借助平台成功地变现，一定要做到两点：遵守平台规则和迎合用户的喜好。下面重点介绍抖音的一些平台规则。

（1）不建议做低级搬运。例如，对于带有其他平台特点和图案的作品，抖音平台对这些低级搬运的作品会直接封号或者不给予流量推荐，因此不建议大家做。

（2）视频必须清晰无广告。

（3）要清楚视频推荐算法机制。首先，给你推荐一批人，比如先给 100 人看你的视频，这 100 人就是一个流量池。假如这 100 人观看视频之后，反馈比较好，有 80 人完全看完了，有 30 人给你点赞了，有 10 人发布了评论，系统则会默认你的视频是一个非常受欢迎的视频，因此会再次给视频推荐到下一个流量池。

比如第二次推荐给 1000 人，然后再重复该过程，这也是我们经常看到一个热门视频连续好几天都能刷到首页的原因。当然，如果第一批流量池的 100 人反馈不好，这个视频自然就得不到后续的好的推荐了。

（4）账号权重。笔者之前分析了很多账号，发现那些抖音普通玩家上热门有一个共同的特点，那就是给别人点赞的作品很多，最少的都上百了。这是一种模仿正常用户的玩法，如果一上来就直接发视频，系统可能会判断你的账号是一个营销广告号或者小号，会审核屏蔽等。具体的提高权重的方法如下。

- 使用头条号登录。用 QQ 登录今日头条 App，然后在抖音的登录界面选择今日头条登录即可。因为抖音是今日头条旗下的产品，通过头条号登录，会潜在地增加账号权重。
- 采取正常用户行为。多给热门作品点赞、评论和转发，选择粉丝越多的账号效果越好。如果想运营好一个抖音号，至少前 5～7 天先不要发作品，就在空闲的时候去刷一下别人的视频，然后多关注和点赞，哪怕后期再取消关注，你也要多做这些工作，让系统觉得你是一个正常的账号。

1.3.2 选择发布的时间

在发布抖音短视频时，笔者建议大家的发布频率是一周至少 2～3 条，然后进行精细化运营，保持视频的活跃度，让每一条视频都尽可能地上热门。至于发布的时间，为了让你的作品能被更多的人看到，火得更快，一定要选择在抖音粉丝在线人数多的时候进行发布。

据统计，饭前和睡前是抖音用户最多的使用场景，有 62% 的用户会在这段时间看抖音；10.9% 的用户会在碎片化时间看抖音，如上卫生间或者上班路上。尤其是睡前和周末、节假日这些时间段，抖音的用户活跃度非常高。因此，笔者建议大家将短视频的发布时间控制在以下 3 个时间段，如图 1-47 所示。

图 1-47　适合发短视频的时间段

同样的作品在不同的时间段发布，效果肯定是不一样的，因为流量高峰期人多，那么你的作品就有可能被更多的人看到。如果用户一次性录制了好几个视频，千万不要同时发布，每个视频发布时中间至少要间隔一小时。

另外，发布时间还需要结合目标用户群体的时间，因为职业不同、工作性质不同、领域不同以及内容不同等因素，发布的时间节点也会有所差别，因此运营者要结合内容属性和目标人群，去选择一个合适的时间点发布内容。

1.3.3　注重团队的力量

一个人要想做好短视频也是可以的，很多优秀运营者的短视频创作都是一个人完成的。有的自己拍一些唱歌跳舞的短视频，就能积累上百万的粉丝。甚至有的通过自己一个人坐着，对着镜头说话来拍摄一些短视频就能够火爆。不过，这种情况毕竟是少数，而且随着账号的发展，账号运营的难度越来越高，一个人很难忙得过来。

所以，大家可以考虑组建一个多人的专业抖音运营团队，每天只生产一条内容优质的短视频。在这样一种高质量、高强度以及高专业的情况下，生产出来的内容会更加受欢迎。

因为现在大家都用碎片化的时间来观看内容，如果是十几分钟甚至几十分钟的视频，有很多人不一定愿意看完，但如果是 15 秒或者 1 分钟的短视频，就会有很多人愿意看完。但是，如果短视频只有 15 秒，却没有给用户呈现出你想要表达的效果，那么用户可能看到第 7 秒或第 10 秒的时候就退出了，这对于团队创作的信心打击还是很大的。

当然，在创建抖音团队时，高效率是大家共同追求的目标，我们可以通过以下方法打造一个高效的抖音团队。

1．树立团队目标

抖音团队要制定一个运营目标，而且这个目前还必须明确和统一，然后大家通过共同努力配合来实现这个目标。

2．选择团队成员

人是团队中不可缺少的元素，各种事情都需要人来完成。因此，要选择合适的团队成员，以便组建一支高效的抖音团队。

3．做好团队定位

将抖音团队放在什么位置、选择谁作为团队领导者，以及各个团队成员的任务安排等，都必须做好明确的定位。

4．进行权限分配

分配好团队成员的管理权限，如信息决定权、营销计划决定权等。

5．制订工作计划

计划就是完成目标的具体工作程序，团队必须制订一套可行的方案，所有的团队成员都需要严格按计划进行操作，一步步地实现目标。

抖音团队的主要成员包括导演、编剧、演员、摄影师和剪辑师等。其中，演员是很重要的角色，尤其是在真人出镜的短视频内容中，演员一定要有很好的表演能力或者较高的颜值，这些是吸引用户持续关注的必要条件。

1.3.4 不要随意删除视频

很多短视频都是在发布了一周甚至一个月以后，才突然开始火爆起来的，这一点给了笔者一个很大的感悟，那就是抖音上其实人人都是平等的，唯一不平等的就是内容的质量。抖音账号是否能够快速地吸引目标用户的眼球，最核心的点还是内容。

所以，笔者很强调一个核心词，叫"时间性"。因为很多人在运营抖音时有一个不好的习惯，那就是当他发现某个视频的整体数据很差时，就会把这个视频删除。笔者建议大家千万不要随便删除你之前发布的视频，尤其是你的账号还处在稳定成长的时候，删除作品对账号有很大的影响，具体有以下两点。

（1）可能会减少你上热门的机会，减少内容被再次推荐的可能性。

（2）过往的权重会受到影响。因为你的账号本来已经运营维护得很好了，内容已经能够很稳定地得到推荐，此时把之前的视频删除，可能会影响你当下已经拥有的整体数据。

这就是"时间性"的表现，那些默默无闻的作品，可能过一段时间又能够得到一个流量扶持或曝光的机会，因此我们唯一不能做的就是把作品删除。

1.3.5 分析数据做好复盘

要想成为优秀的抖音运营者，除了做好日常的运营工作之外，还要进行必要的数据复盘。复盘不是简单地总结，而是对过去所做的全部工作进行一个深度的思维演练。抖音运营复盘的作用主要体现在 4 个方面，具体如下。

（1）了解抖音账号运营的整体规划和进度。

（2）看到自身的不足和对手的优势等。

（3）能够站在全局的高度和立场，看待整体局势。

（4）找出并剔除失败因素，重现并放大成功因素。

总的来说，抖音的复盘就是回顾运营情况，并在此过程中分析和改进运营中出现的各种问题，从而优化方案。抖音的运营与项目管理非常相似，成功的运营离不开好的方案指导。只有采用科学的复盘方案，才能保证抖音的运营更加专业化。

对于运营者来说，复盘是一项必须学会的技能，是个人成长的重要能力，我们要善于通过复盘来将经验转化成能力，具体的操作步骤如下。

1. 回顾目标

目标就好像是一座大厦的地基，如果地基没有建好，那么大厦就会存在很大的隐患，而不科学的目标可能会导致抖音运营的失败。因此，我们在做抖音运营之前，就需要拟定一个清晰的目标，并不断地回顾和改进。

2. 评估结果

复盘的第二个任务就是对比结果，看看是否与当初制定的目标有差异，主要包括刚好完成目标、超额完成目标、未完成目标和添加新目标 4 种情况，分析相关的结果和问题，并加以改进。

3. 分析原因

分析原因是复盘的核心环节，包括成功的因素是什么和失败的根本原因是什么。例如，发布的短视频为什么没有人关注，或者哪些短视频成功地吸引到大量

从零开始做抖音电商：引流涨粉＋直播带货＋橱窗小店＋广告盈利

的粉丝关注等，将这些成功或失败的原因都分析出来。

4．总结经验

复盘的主要作用就是将运营中的所有经验转化成个人能力，因此最后一步就是总结出有价值的经验，包括得失的体会，以及是否有规律性的东西值得思考，还包括下一步的行动计划。

1.3.6 规避运营的误区

在短视频领域，渠道运营是非常重要的工作。在做短视频渠道运营的过程中，有两块内容我们一定要知道，第一部分是渠道的规则，第二部分是运营的误区。

短视频运营的工作比较复杂，不仅要懂内容，还要懂得渠道能做互动，但是往往由于没有充足的预算配备完善的运营团队，所以导致运营者会涉及很多方面的工作内容，一不小心就会陷入工作误区，抓不住工作重点。下面给大家介绍最常见的5个抖音运营误区。

1．精力只放在后台的使用

第一个误区就是过度地把精力放在后台的使用上。很多短视频运营者都是从公众号运营转过来的，在做公众号运营的时候，我们发布之前会先发预览，发布成功之后也会第一时间去浏览，在这些场景中我们都是用户的身份。

但是在做短视频运营的时候，我们往往只注重后台操作，发行之后也不会到每个渠道去查看，这样的做法是非常不对的。因为每个渠道的产品逻辑都不同，如果不注重前台的使用，就无法真正了解这个渠道的用户行为。

2．不与用户进行互动

第二个误区是不与用户做互动，这点很好理解，一般发表评论的都是渠道中相对活跃的用户，及时有效的互动有助于吸引用户的关注，而且渠道方也希望创作者可以带动平台的用户活跃起来。

当然，运营者不用每一条评论都去回复，可以筛选一些有想法、有意思或者有价值的评论来回复和互动。其实，很多运营者不是不知道互动的重要性，但更多的是因为精力有限，没有时间去实践，还有的就是因为懒。

3．运营渠道非常单一

第三个误区是运营的渠道非常单一。建议大家进行多渠道运营，因为多渠道运营会帮助你发现更多的机会，而且很多渠道可能会在不经意间产生爆款，也能增加一些小惊喜。

4．过度地追热点

追热点其实是值得推荐的，但是要把握好度，内容上不能超出自己的领域，如果热点与自己的领域和创作风格不统一，千万不能硬追热点。

这点可以在抖音上得到验证。往往一个抖音视频火爆之后，创作者很难长期留住带来的粉丝。因为很多创作者更多的是去抄袭而不是原创，这样很难持续产出风格统一的作品，所以就算偶然间产出了一两个爆款，也无法黏住粉丝。

5．从来不做数据分析

误区五就是我们老生常谈的数据分析了，这是一个需要长期进行的事情。数据可以暴露一些纯粹的问题，比如账号在所有渠道的整体播放量下滑，那么肯定是哪里出了问题。不管是主观原因还是客观原因，我们都要第一时间排查，如果只是某个渠道突然下滑，那么就要看是不是这个渠道的政策有了调整。

除了监控之外，数据分析还可以指导我们的运营策略，比如分析受众的活跃时间点、竞争对手的活跃时间点等。

以上是抖音运营中比较常见的 5 个误区，其实还有很多，需要大家在各自的运营工作中去发现问题和寻找解决方法。

第 2 章
带货视频：通过产品展示引导购物

学前提示　在抖音短视频平台中，许多运营者会通过发布短视频的方式直接进行带货。那么，运营者要如何打造带货短视频，通过产品展示来更好地引导用户购物呢？本章笔者就来回答这个问题。

2.1 视频带货的展示形式

在抖音短视频中带货时，展示形式非常重要。不同的展示形式，优缺点各有不同，能达到的营销效果也会有所差异。具体来说，抖音短视频卖货的展示形式主要有 3 种，本节笔者将分别进行解读。

2.1.1 通过图文叠加展示产品

通过图文叠加的形式展示产品，就是用一张张的产品展示图片组合成一个短视频，其他用户在查看该短视频时，看到的将是类似于一张张切换的幻灯片的短视频，如图 2-1 所示。

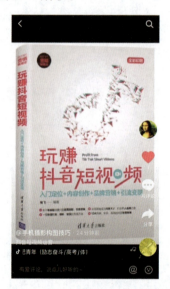

图 2-1 通过图文叠加展示产品

这种产品展示形式的主要优势就在于短视频制作起来非常方便，运营者只需选择产品图片进行组合，便能形成一个抖音短视频，而无须像其他短视频那样，花费大量的时间进行策划、拍摄和后期处理。

当然，这种产品展示形式的不足也是非常明显的，其中比较突出的一点就是制作出来的短视频观赏性相对较弱，想吸引用户看完比较难，因此，这类短视频能够达到的营销效果通常也会比较有限。

2.1.2 通过拍摄视频展示产品

通过拍摄视频展示产品，顾名思义，就是拍摄一条用来展示产品外观或用途的短视频，从而显示产品的优势，刺激用户的消费需求。如图 2-2 所示，为通过拍摄视频展示产品的带货短视频。

图 2-2　通过拍摄视频展示产品

通过拍摄视频展示产品这种带货形式的优势，就在于可以对产品自身的外观和用途等进行详细的展示，让用户在了解产品信息的同时，受到短视频的引导，增强购买产品的欲望。

这种带货形式的不足之处则体现在对产品自身展示较多，短视频容易变成硬性植入，而用户看到短视频之后比较容易心生反感。部分用户在看到这类短视频时，很可能会直接选择跳过。

2.1.3　通过真人出镜展示产品

通过真人出镜视频展示产品，即拍摄真人使用产品的短视频。在短视频中用户可以看到产品的使用效果，这仿佛是在告诉看到短视频的用户，视频中产品的使用效果就是真实的效果。如图 2-3 所示，便是通过真人试穿服装来展示服装上身效果的短视频。

通过真人出镜展示产品的带货形式，主要的优势就在于加入了真人这一元素，并对真人的使用效果进行了展示。让人感觉像是短视频中的真人在说："我用完之后是这种效果，你用完之后也会是这种效果。"而且因为有使用前后的对比，所以短视频中产品的使用效果通常比较具有说服力。

这种带货形式的缺点则体现在需要找人出镜拍摄使用产品的短视频，而且使用的效果还要比较好才行，不然用户看到短视频之后可能不会买账。

图 2-3　通过真人出镜展示产品

2.2　视频带货的技巧

抖音短视频平台原本就是一个用户分享短视频的平台，而大多数用户之所以登录抖音短视频平台，就是希望能从中看到有趣的短视频。正因如此，短视频成了抖音带货的重要载体，运营者如果能够利用好短视频，就能让产品获得不错的销量。

那么，如何利用抖音短视频进行带货呢？这一节笔者将重点介绍 6 种抖音短视频的带货技巧。

2.2.1　添加产品购买链接

运营者在发布带货短视频时，可以添加产品购买链接。这样一来，短视频播放界面中便会出现 🛒 图标，而用户看到短视频之后如果对产品感兴趣，就可以直接点击 🛒 图标购买产品。

具体来说，如果运营者在短视频中添加了产品链接，那么用户便可以通过如下操作快速地购买产品。

步骤 01　进入短视频播放界面，点击 🛒 图标，如图 2-4 所示。

步骤 02　操作完成后，界面中会弹出产品信息展示框。在该信息展示框中，用户可以查看产品的相关信息。如果用户确定要购买该产品，可以点击界面中的"领券购买"按钮，如图 2-5 所示。

步骤 03　操作完成后，界面中会弹出产品购买选择提示框。用户可以在该提示框中选择需要购买的产品，选择完成后，点击"领券购买"按钮，如图2-6所示。

图 2-4 点击图标

图 2-5 点击"领券购买"按钮

步骤 04 操作完成后，进入"确认订单"界面。用户可以在该界面中查看收货地址和产品信息等订单信息，确认信息无误后，点击"提交订单"按钮，完成下单操作，如图2-7所示。

图 2-6 点击"领券购买"按钮

图 2-7 点击"提交订单"按钮

可以看到，在短视频中添加产品链接后，用户购买短视频中的同款产品是比较便捷的。而且，如果产品的价格比较便宜，或者产品信息展示框中的某些内容打动了用户，用户会更愿意购买短视频中的同款产品。这样一来，用户的购买欲望就会得到增强，而短视频的带货效果自然也会越好。

2.2.2 善用异性相吸原则

男性和女性看待同一个问题的角度有时候会有一些差异，可能某一事物对男性来说并没有多大的吸引力，但是却能让女性尖叫。而善用异性相吸的原则，可以在增强内容针对性的同时，提高内容对目标用户的吸引力。

抖音短视频中异性相吸原则的使用，通常就是采取真人出镜形式，用短视频中的美女吸引男性用户，或者用短视频中的帅哥吸引女性用户。采用这种方式带货的短视频，通常能获得不错的流量，但是如果短视频中产品自身的吸引力不够，销量可能也难以得到保障。

其实，在笔者看来，除了上面这种方式之外，还有另一种异性相吸，那就是让用户购买异性才会用到的产品。让用户看到该产品对于异性的价值，从而让用户愿意将该产品作为礼物送给异性。这种异性相吸原则的使用，关键就在于让用户看到产品对异性的价值，以及异性在收到礼物之后的反应。如果用户觉得产品对异性朋友来说很有用处，或者送出该产品能暖到异性的心，那么用户自然会愿意购买该产品。如图 2-8 所示，为某带货短视频的相关画面，可以看到该视频就是采用异性相吸原则，将产品打造成男性送给女朋友的优质礼物来促进产品销售的。

图 2-8　利用异性相吸原则带货

2.2.3 刺激目标用户需求

一款产品要想获得较为可观的销量，必须刺激消费者的需求，让消费者在看到产品的价值之后，愿意花钱去购买。

一些整体差不多的产品，在不同店铺中的销量却出现比较大的差异，这是为什么呢？当然，这可能与店铺的粉丝量有一定的关系，那么有的店铺粉丝量差距不大，同样的产品销量差异却比较大，这又是什么原因呢？

其实，除了店铺自身的粉丝量之外，一款产品的销量，还会在很大程度上受到店铺宣传推广的影响。如果运营者能够在抖音短视频中刺激目标用户的需求，产品的销量自然会更有保障。那么，怎么刺激目标用户的需求呢？笔者认为，关键就在于通过短视频的展示，让用户看到产品的用处，让用户觉得这款产品确实是值得购买的。

如图 2-9 所示，为某带货短视频的相关画面，可以看到在该短视频中，通过展示产品的使用效果来吸引儿童对科学实验的兴趣，进而刺激家长们的消费需求。

图 2-9 通过刺激目标用户需求带货

2.2.4 点出核心用户群体

虽然目标用户基数越大，接收信息的人数可能就越多，但这并不代表获得的营销效果就一定会越好。

为什么这么说呢？其实很好理解，因为购买产品的只是那些对产品有需求的用户群体，如果运营者没有针对有需求的用户群体进行营销，而是花大量时间进行广泛宣传，那么很可能就会因为对核心用户群体把握不准而难以达到预期的带货效果。

在笔者看来，与其广泛宣传产品，一味地扩大产品的用户群体，倒不如对产品进行分析，找出核心用户群体，然后针对核心用户群体进行带货。这不仅能增强营销的针对性，也能让核心用户群体一眼就看到产品对自己的用处。

如图2-10所示，为部分短视频的相关画面，可以看到这些短视频就是通过点出核心用户群体的方式，有针对性地为"学生党"推荐产品，从而拉动产品的销售。

图2-10　点出核心用户群体类短视频

2.2.5　提前做好预售种草

在产品还未正式上线时，许多商家会先通过预售种草，提高目标消费群体的关注度。

抖音短视频主要由画面和声音两个部分组成，运营者可以针对这两部分分别进行预售种草。画面部分，运营者可以让预售的相关文字出现在画面中，如图2-11所示；声音部分，运营者可以通过口播的方式向用户传达产品预售信息，增强产品对用户的吸引力，实现预售种草。

消费者都是趋利的，许多消费者为了买到更便宜的产品而货比三家。所以，当运营者在抖音中发布预售信息时，用户如果想购买产品，很可能对产品的价值进行评估。此时，运营者如果在预售中给出一定的折扣，用户就会觉得产品价格已经便宜了不少，产品更值得购买了。

如图2-12所示，为抖音中预售产品的短视频案例。可以看到这两个短视频便是以一定的折扣进行产品预售的。而用户在看到这两个视频时，自然会认为此时下手购买是比较划算的。

图 2-11　通过文字进行预售种草

图 2-12　以优惠折扣进行预售种草

2.2.6　将硬广告变成推荐

越来越多的人开始对广告，特别是硬广告产生抵触情绪。部分人在看到硬广告之后，不仅不会有丝毫购买产品的意愿，甚至会因为对硬广告的厌恶，直接拉黑退出硬广告的品牌，下决心不再购买该品牌的产品。

其实，硬广告就是为了营销，而同样是营销，如果换一种方式，可能会取得更好的效果。比如，运营者从用好物推荐的角度进行营销，让用户看到产品的用处，从而让用户因产品好用而进行购买。如图 2-13 所示的抖音短视频采用的就是这种带货方式。

图 2-13　将硬广告变成好物推荐

2.3　实用的带货功能

除了了解短视频带货的展现形式和技巧之外，运营者还需要懂得利用抖音平台的实用功能进行营销推广，为视频带货助力。本节笔者将对抖音平台中的 4 种带货实用功能分别进行解读。

2.3.1　同城功能

抖音短视频 App 中有一个"同城"板块，用户在该板块中可以查看与自己的定位同城的短视频和直播。例如，当笔者的定位处于湖南省长沙市岳麓区时，"同城"板块的名称将显示为"岳麓"。而点击"岳麓"按钮时，则可进入"岳麓"界面，查看同城的短视频和直播，如图 2-14 所示。

另外，用户可以点击"同城"界面中的短视频封面，进入该短视频的播放界面。如果运营者在短视频中添加了产品链接，用户还可以进入产品信息界面，查看产品的相关信息或者购买产品，如图 2-15 所示。

由此不难看出，运营者可以借助"同城"功能，促进短视频的传播，让产品被更多用户看到。那么，运营者要如何利用"同城"功能，更好地进行短视频带货呢？其中一个关键就在于：对发布的短视频进行定位。

图 2-14　查看"同城"短视频和直播

图 2-15　查看产品信息

具体来说，运营者可以在短视频"发布"界面中，选择"你在哪里"选项，如图 2-16 所示。操作完成后，运营者便可以手动进行定位了。手动定位完成后，如果 图标右侧显示的是定位地点的名称，就说明定位操作成功了，如图 2-17 所示。

定位成功之后，运营者在点击"发布"按钮发布短视频后，你的短视频就可能被同城的用户看到。

图 2-16 选择"你在哪里"选项　　　图 2-17 手动定位操作成功

2.3.2 朋友功能

抖音短视频 App 中有一个"朋友"板块，用户可以点击"朋友"按钮，进入"朋友"界面，查看朋友发布的短视频，如图 2-18 所示。

图 2-18 查看朋友发布的短视频

"朋友"功能和微信朋友圈相似，只有成为彼此的好友（即互相关注），才能看到对方发布的短视频内容。也就是说，如果运营者想更好地借助"朋友"功能进行短视频带货，就需要增加抖音好友的数量。

2.3.3 POI 功能

POI 是 Point of Interest 的缩写，中文可以翻译为"兴趣点"。运营者可以通过认证认领门店地址打造兴趣点。具体来说，运营者可以通过如下步骤认领门店。

步骤 01　在"我"界面中，点击 图标；操作完成后会弹出一个提示框，点击提示框中的"创作者服务中心"按钮，如图 2-19 所示。

步骤 02　进入"创作者服务中心"界面，点击界面中的"开通抖音门店"按钮，如图 2-20 所示。

图 2-19　点击"创作者服务中心"按钮　　图 2-20　点击"开通抖音门店"按钮

步骤 03　进入"抖音门店"界面，点击界面中的"立即免费认领门店"按钮，如图 2-21 所示。

步骤 04　进入"试用企业号"界面，勾选"同意并遵守《抖音试用及开通普通企业号服务协议》"复选框；点击"0 元试用企业号"按钮，如图 2-22 所示。

步骤 05　进入"开通企业号"界面，可以看到运营者要想解锁更多企业号权益，还需要进行 3 步操作。另外，运营者可以点击"查看完整权益"按钮，如图 2-23 所示。

步骤 06　操作完成后，进入"企业号特权"界面，可以看到，运营者要获取认领门店地址权益,就必须进行企业身份验证(也就是要完成图 2-23 中的第 2 步操作),如图 2-24 所示。

图 2-21　点击"立即免费认领门店"按钮　　图 2-22　点击"0 元试用企业号"按钮

图 2-23　点击"查看完整权益"按钮　　图 2-24　"企业号特权"界面

步骤 07　返回"开通企业号"界面,在该界面中上传营业执照并进行企业身份验证。操作完成后,运营者便可以认领抖音门店了。

抖音门店认领成功后,运营者便可以在短视频中插入门店位置链接。用户点击该链接，便可了解该门店的相关信息，如图2-25所示。

图2-25 插入门店位置链接

该功能对于经营线下实体店的运营者来说，可谓意义重大。这主要是因为运营者如果设置了门店地址，那么用户便可以在店铺信息界面中看到店铺的位置；点击该位置并借助导航功能，用户就可以很方便地找到店铺，进店消费。

当然，门店地址功能虽然是将抖音流量引至线下的一个实用工具，但其引流的效果还得由短视频获得的流量来决定。因此，打造吸引用户的短视频内容，是该功能发挥功效的基础。

2.3.4 上热门功能

上热门功能，是一种给短视频"加热"、让更多用户看到短视频的功能。简单来说，其实质就是通过向抖音平台支付一定的费用，花钱买热门，增加抖音短视频的曝光量。在抖音短视频App中，有两种使用上热门功能的方法，即在个人主页使用和在短视频播放页使用。接下来笔者将分别进行简单的说明。

1. 在个人主页使用

在个人主页使用上热门功能的具体步骤如下。

步骤01 在"我"界面中，点击 图标；操作完成后会弹出一个提示框，点击提示框中的"更多功能"按钮，如图2-26所示。

步骤02 操作完成后，会弹出更多功能提示框。点击提示框中的"上热门"按钮，如图2-27所示。

图 2-26　点击"更多功能"按钮　　　图 2-27　点击"上热门"按钮

步骤 03　进入"DOU+上热门"界面，点击需要使用上热门功能的短视频下方的"上热门"按钮，如图 2-28 所示。

步骤 04　进入"单视频"界面。在该界面中，运营者可以设置"上热门"功能的相关信息。信息设置完成后，点击"支付"按钮，并支付相应的金额，便可以使用"上热门"功能对短视频进行推广了，如图 2-29 所示。

图 2-28　点击"上热门"按钮　　　图 2-29　点击"支付"按钮

2．在视频播放页使用

除了个人主页界面之外，运营者还可以在短视频播放界面中使用"上热门"功能。具体来说，在短视频播放界面中使用"上热门"功能的步骤如下。

步骤01 进入需要推广的短视频播放界面，点击界面中的 图标，如图2-30所示。

步骤02 操作完成后，界面中会弹出"私信给朋友"提示框。点击提示框中的"帮上热门"按钮，如图2-31所示。

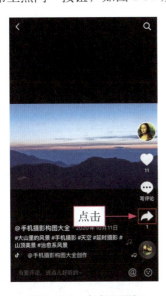

图2-30　点击 图标　　　　　图2-31　点击"帮上热门"按钮

步骤03 操作完成后，进入如图2-29所示的"单视频"界面。运营者只需在该界面中设置"上热门"功能的相关信息，并支付相应的费用，即可使用"上热门"功能推广该短视频。

第3章
站内引流：将用户拉入私域流量池

学前提示

抖音短视频平台为用户提供了许多引流功能，运营者可以利用这些功能吸引用户的关注。同时，运营者还可以在抖音短视频平台中展示自己的联系方式，将用户聚集起来，建立私域流量池。

从零开始做抖音电商：引流涨粉＋直播带货＋橱窗小店＋广告盈利

3.1 抖音引流的具体方法

在互联网中，只要有了流量，变现就不是难题了。而如今的抖音，就是一个坐拥庞大流量的平台。运营者只要运用一些小技巧，就可以吸引到相当大一部分流量，进而帮你更好地进行变现。

3.1.1 硬广引流

硬广引流法是指通过在短视频中展示产品或品牌获得流量的一种方法。运用这种方法引流时，运营者可以直接展示产品和品牌的优势，也可以将平时朋友圈发的反馈图整理出来，制作成短视频。

例如，某新款手机上市时，该手机品牌的企业抖音号便是通过展示产品的优势进行硬广引流的，如图 3-1 所示。

图 3-1　通过展示产品优势进行硬广引流

3.1.2 合拍引流

运营者可以借助抖音的"合拍"功能，利用原有短视频或视频中的某位知名人士进行引流。所谓"合拍"，就是在一条短视频的基础上，再拍摄另一条短视频，然后这两条短视频会分别在屏幕的左右两侧同时呈现。接下来笔者就来对抖音"合拍"短视频的具体操作进行简要说明。

步骤 01 进入需要"合拍"的视频的播放界面，点击界面中的 图标，如图 3-2 所示。

步骤 02 操作完成后，弹出"私信给朋友"提示框。点击提示框中的"合拍"

按钮,如图3-3所示。

图3-2 点击➡图标

图3-3 点击"合拍"按钮

步骤 03 进入抖音的"拍视频"界面,画面左侧会出现你要拍摄的视频内容,右侧则是原视频的画面。点击界面中的 ● 图标,如图3-4所示。

步骤 04 操作完成后,开始视频的拍摄。拍摄完成后,点击 ✓ 图标,如图3-5所示。

图3-4 点击 ● 图标

图3-5 点击 ✓ 图标

步骤 05 进入短视频预览界面,在界面中查看短视频内容。确认内容无误后,点击"下一步"按钮,如图3-6所示。

步骤06 进入"发布"界面,在界面中设置视频的相关信息。设置完成后,点击"发布"按钮,如图3-7所示。

图3-6 点击"下一步"按钮

图3-7 点击"发布"按钮

步骤07 操作完成后,自动进入"朋友"界面,此时界面中会播放抖音好友发布的视频,并且在界面左上方显示"合拍"短视频的上传进度,如图3-8所示。

步骤08 视频上传完成后,如果"朋友"界面中播放刚刚上传的"合拍"视频,就说明"合拍"短视频发布成功了,如图3-9所示。

图3-8 显示短视频上传进度

图3-9 "合拍"短视频发布成功

3.1.3 直播引流

直播对于运营者来说意义重大，一方面，运营者可以通过直播销售商品，获得收益；另一方面，直播也是一种有效的引流方式。只要用户在直播过程中点击关注，便会成为抖音号的粉丝。

如图 3-10 所示，在某个抖音电商直播中，用户只需要点击界面左上方账号头像所在的位置，界面中便会弹出一个账号详情提示框。如果用户点击提示框中的"关注"按钮，原来"关注"按钮所在的位置将显示"已关注"，此时，用户便通过直播关注了抖音号，成为该抖音号的私域流量。

图 3-10　通过直播关注抖音号

除此之外，用户在直播界面中还有一种更方便的关注方法，那就是直接点击直播界面左上方的"关注"按钮。

3.1.4 评论引流

许多用户在看抖音短视频时，会习惯性地查看评论区的内容。再加上用户如果觉得短视频内容比较有趣，还可以通过 @ 抖音号，吸引其他用户前来观看该视频。因此，如果用户的评论区利用得当，可以达到不错的引流效果。

抖音短视频中能够呈现的内容相对有限，这就有可能出现一种情况，那就是有的内容需要进行一些补充。此时，运营者便可以通过评论区的自我评论进一步进行表达。另外，在短视频刚发布时，可能看到短视频的用户不是很多，也不会有太多用户进行评论。如果此时用户进行自我评论，也能在一定程度上增加短视频评论量。

除了自我评价补充信息之外，运营者还可以通过回复评论解答用户的疑问、引导用户的情绪，从而提高产品的销量。

回复抖音评论看似是一件再简单不过的事，实则不然。为什么这么说呢？这主要是因为在进行抖音评论时还有一些需要注意的事项，具体如下。

1. 第一时间回复评论

运营者应该尽可能地在第一时间回复用户的评论。这主要有两个方面的好处：一是快速回复用户能够让用户感觉到你对他（她）很重视，这样自然就能增加用户对你和你的抖音号的好感；二是在第一时间回复评论能够在一定程度上提高短视频的热度，让更多用户看到你的短视频。

那么，运营者如何才能做到在第一时间回复评论呢？其中一种比较有效的方法就是在短视频发布的一段时间内，及时查看用户的评论，一旦发现有新的评论，便在第一时间做出回复。

2. 不要重复回复评论

对于相似的问题或者同一个问题，运营者不要进行重复回复。这主要有两个原因。一是很多用户的评论中或多或少会有一些营销的痕迹，如果重复回复，那么整个评价界面便会看到很多有广告痕迹的内容，而这些内容往往会让用户产生反感。

二是相似的问题，点赞数量相对较多的问题会排到评论的靠前位置，运营者只需对点赞数量较多的问题进行回复，其他有相似问题的用户自然就能看到，而且这还能减少评论的回复工作量，节省大量的时间。

3. 注意规避敏感词汇

对于一些敏感的问题和敏感的词汇，运营者在回复评论时一定要尽可能规避。当然，如果避无可避，也可以采取迂回战术，如不对敏感问题做出正面的回答，用其他一些意思相近的词汇或用谐音词代替敏感词汇。

3.1.5 互推引流

互推就是互相推广的意思。大多数抖音号在运营过程中，都会获得一些粉丝，只是对于许多用户来说，粉丝数量可能不是很多。此时，运营者便可以通过与其他抖音号进行互推，让更多用户看到你的抖音号，从而扩大抖音号的传播范围，让抖音号获得更多的流量。

在抖音平台中，互推的方法有很多，其中比较直接有效的一种互推方法就是在短视频中互相@，让用户在看到相关短视频之后，就能看到互推的账号。

如图 3-11 所示，为两个运营者发布的短视频，可以看到这两条短视频中就是通过使用 @ 功能进行互推的，再加上这两个账号的运营者是父女关系，因此这两个账号之间具有很强的信任度，互推的频率也可以把握。所以，这两个账号的互推通常能获得不错的效果。

图 3-11　账号互推

3.1.6　矩阵引流

抖音矩阵就是通过多个账号的运营进行营销推广，从而增强营销的效果，获取稳定的流量。抖音矩阵可分为两种，一种是个人抖音矩阵，即某个运营者同时运营多个抖音号，组成营销矩阵；另一种是多个具有联系的运营者组成一个矩阵，共同进行营销推广。

例如，某位运营者便是借助抖音矩阵打造了多个抖音号，而且每个抖音号都拥有数量可观的粉丝，如图 3-12 所示。

图 3-12　个人抖音矩阵的打造

3.1.7 分享引流

抖音中有分享转发功能，运营者可以借助该功能，将抖音短视频分享至相应的平台，从而达到引流的目的。那么，如何借助抖音的分享转发功能引流呢？接下来笔者就对具体的操作步骤进行说明。

步骤 01 登录抖音短视频 App，进入需要转发的视频的播放界面，点击 ➡ 图标，如图 3-13 所示。

步骤 02 操作完成后，弹出"私信给朋友"提示框。在该提示框中，运营者可以选择短视频分享的平台。以将短视频分享给微信好友为例，此时，运营者需要做的就是点击提示框中的 ◎ 图标，如图 3-14 所示。

图 3-13　点击 ➡ 图标　　　　图 3-14　点击 ◎ 图标

步骤 03 操作完成后，播放界面中会弹出一个提示框。点击提示框中的"复制口令发给好友"按钮，如图 3-15 所示。

步骤 04 进入微信 App，选择需要转发短视频的对象，如图 3-16 所示。

步骤 05 进入微信聊天界面，长按输入栏，会弹出一个提示框。点击提示框中的"粘贴"按钮，如图 3-17 所示。

步骤 06 操作完成后，输入栏中会出现刚刚复制的短视频口令，点击"发送"按钮，如图 3-18 所示。

步骤 07 操作完成后，聊天界面中便会出现短视频口令，如图 3-19 所示。如果微信好友想要查看该视频，可以复制这条短视频口令。

步骤 08 进入抖音短视频 App 的"首页"界面，点击界面中的 🔍 图标，如图 3-20 所示。

图3-15 点击"复制口令发给好友"按钮

图3-16 选择需要分享短视频的对象

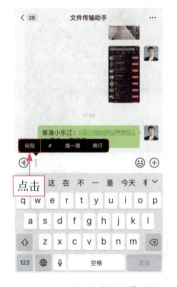
图3-17 点击"粘贴"按钮

图3-18 点击"发送"按钮

步骤09 进入抖音短视频App的搜索界面，长按界面中的搜索栏，操作完成后后，会弹出一个列表框。点击列表框中的"粘贴"按钮，将视频口令粘贴至搜索栏中；点击"搜索"按钮，如图3-21所示。

步骤10 操作完成后，运营者分享的视频便会出现在搜索结果中，如图3-22所示。用户只需点击该视频所在的位置，便可全屏查看该视频的内容。

图 3-19 聊天界面出现视频口令

图 3-20 点击 图标

图 3-21 点击"搜索"按钮

图 3-22 分享的视频出现在搜索结果中

3.1.8 私信引流

运营者可以借助抖音平台的"私信好友"功能,直接将短视频转发给抖音好友,从而增加短视频的流量。具体来说,运营者可以通过以下步骤分享抖音短视频。

步骤 01 登录抖音短视频 App,进入需要分享的短视频的播放界面,点击 图标,如图 3-23 所示。

步骤02 操作完成后，弹出"私信给朋友"提示框。点击提示框中的"私信朋友"按钮，如图3-24所示。

图3-23 点击图标

图3-24 点击"私信朋友"按钮

步骤03 进入"私信给"界面，在该界面中，勾选需要分享视频的对象；点击"发送"按钮，如图3-25所示。

步骤04 操作完成后，短视频链接便会出现在聊天界面中，如图3-26所示。抖音好友只需点击该链接，便可前往短视频播放界面，全屏查看该短视频内容了。

图3-25 点击"发送"按钮

图3-26 分享的视频出现在聊天界面中

3.1.9 收藏引流

抖音短视频平台为用户提供了收藏功能，运营者可以借助该功能收藏自己发布的短视频，并在合适的时候将短视频分享给好友。具体来说，运营者可以通过以下步骤收藏并分享短视频。

步骤01 登录抖音短视频 App，进入需要收藏并分享的短视频播放界面，点击图标，如图 3-27 所示。

步骤02 操作完成后，弹出"私信给朋友"提示框。点击提示框中的"收藏"按钮，如图 3-28 所示。

图 3-27 点击图标

图 3-28 点击"收藏"按钮

步骤03 操作完成后，返回短视频播放界面，界面中会显示"收藏成功"，如图 3-29 所示。

步骤04 当运营者需要将收藏的短视频分享给好友时，可以进入"我"界面，点击界面中的图标；操作完成后，会弹出一个列表框。点击列表框中的"我的收藏"按钮，如图 3-30 所示。

步骤05 进入"我的收藏"界面，长按需要分享的短视频；操作完成后，会弹出一个提示框。点击短视频分享对象右侧的"分享"按钮，如图 3-31 所示。

步骤06 操作完成后，进入抖音聊天界面。如果界面中出现了刚刚分享的短视频的封面，就说明收藏的短视频分享成功了，如图 3-32 所示。而抖音好友看到运营者分享的短视频封面之后，只需点击封面，便可以查看该短视频。而这样一来，运营者便可以将抖音好友变成短视频的流量了。

第 3 章 站内引流：将用户拉入私域流量池

图 3-29 显示"收藏成功"   图 3-30 点击"我的收藏"按钮

图 3-31 点击"分享"按钮   图 3-32 出现刚刚分享的短视频封面

3.1.10 抖音码引流

抖音码实际上就是根据短视频链接生成的二维码，运营者将抖音码分享出去之后，用户便可以通过抖音"扫一扫"进入短视频的播放界面。具体来说，运营者可以通过以下步骤，借助抖音码进行引流。

步骤 01 登录抖音短视频 App，进入需要分享的短视频的播放界面，点击图标,如图3-33所示。

步骤02 操作完成后,弹出"私信给朋友"提示框。点击提示框中的"抖音码"按钮,如图3-34所示。

图3-33 点击图标

图3-34 点击"抖音码"按钮

步骤03 操作完成后,界面中会出现短视频二维码和"分享到"提示框。例如,运营者要将短视频分享给微信好友,便可以点击提示框中的"微信好友"按钮,如图3-35所示。

步骤04 操作完成后,弹出"图片已保存至本地相册"提示框。点击提示框中的"去微信发送给好友"按钮,如图3-36所示。

图3-35 点击"微信好友"按钮

图3-36 点击"去微信发送给好友"按钮

步骤 05 进入微信聊天界面，点击⊕图标；操作完成后，会弹出一个提示框。点击提示框中的"图片"按钮，如图 3-37 所示。

步骤 06 进入"最近项目"界面，选择刚刚保存的短视频二维码；点击"发送"按钮，如图 3-38 所示。

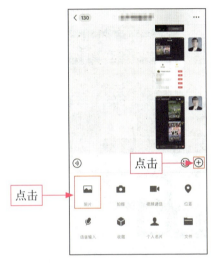

图 3-37 点击"图片"按钮

图 3-38 点击"发送"按钮

步骤 07 操作完成后，微信聊天界面中便会出现刚刚选择的短视频二维码，如图 3-39 所示。

步骤 08 微信好友看到短视频二维码之后，如果要查看该短视频，可以保存该二维码，并进入抖音的搜索界面，点击界面中的图标，如图 3-40 所示。

图 3-39 出现刚刚选择的短视频二维码

图 3-40 点击图标

步骤09 进入"扫一扫"界面,点击界面中的"相册"按钮,如图 3-41 所示。

步骤10 进入"所有照片"界面,微信好友需要从界面中选择刚刚保存的短视频二维码,如图 3-42 所示。

图 3-41 点击"相册"按钮   图 3-42 选择刚刚保存的短视频二维码

步骤11 操作完成后,微信好友便可以进入运营者分享的短视频播放界面。这样一来,运营者便可以借此为分享的短视频获得一定的流量了。

3.2 将用户变成微信好友

当运营者通过账号运营获得大量粉丝之后,接下来就可以在抖音中留下微信号,把这些粉丝导入微信,将抖音流量沉淀下来,搭建自己的私域流量池,从而更好地挖掘流量背后的购买力。

3.2.1 通过账号名称展示微信号

在个人名字里设置微信号是抖音早期常用的导流方法,运营者可以在抖音号名称中用"V""W"或"VX"等代替"微信"二字,然后在后方写上微信号,如图 3-43 所示。这样一来,用户便可快速获取运营者的微信号,有需要的用户还可以直接搜索并添加你的微信。

需要注意的是,由于今日头条和腾讯之间的竞争非常激烈,因此抖音对于名称中的"微信"等字眼的审核也非常严格,在抖音号中加入微信信息,即便能通过审核,账号也可能被限流。所以,在抖音短视频中,运营者还是要尽可能地避免直接使用与"微信"相关的字眼。

3.2.2 通过账号简介展示微信号

和在抖音号名称中展示微信号相同,在抖音号简介中也可以向用户展示运营者的微信号。同样,运营者在展示微信号时,也应该尽量避免直接使用与"微信"相关的字眼。如图3-44所示,为某抖音号的主页界面,可以看到该抖音号的账号在简介中便向用户展示了两个微信号。

图3-43 通过抖音号名称展示微信号

图3-44 通过抖音号账号简介展示微信号

3.2.3 在抖音号中展示微信号

抖音号与微信号一样,都可以作为一种联系方式。不过,大部分人更习惯用微信进行沟通交流。因此,运营者可以在抖音号中直接展示微信号的相关信息(同样需要避免直接使用"微信"这两个字),如图3-45所示。当然,抖音号的修改次数是有限制的,运营者在修改之前一定要多加思考。

图3-45 通过抖音号简介展示微信号

3.2.4 在账号头图中展示微信号

在抖音号主页界面中,账号头图的展示面积比较大,其中的相关信息容易被人看到，因此账号头图也是一个很好的宣传渠道。因此，运营者可以在账号头图中展示微信号信息，引导用户添加你的微信号。

如图 3-46 所示，为某抖音号的主页，可以看到该抖音号的头图中便展示了运营者的微信号。因为该抖音号的运营者承诺加微信好友可以赠送免费课程，所以许多用户看到该账号的头图之后，会主动添加头图中展示的微信号。

图 3-46　通过账号头图展示微信号

3.2.5　在短视频中展示微信号

在短视频中展示微信号的方法很简单，运营者可以向用户讲解某方面的操作方法或技巧，并告诉用户不会操作的人可以加自己的微信，如图 3-47 所示。这样一来，用户为了更好地了解相关操作，便会主动添加运营者的微信。

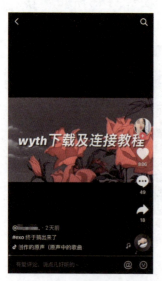 

图 3-47　在视频内容中展示微信号

第 4 章
站外引流：借助各种平台汇聚流量

> **学前提示**
>
> 运营者可以借助站外平台进行引流，实现短视频的广泛传播，从而实现流量的快速汇聚。本章笔者重点介绍运营者需要把握的 5 类站外引流平台，让运营者更好地提升短视频的热度，增加抖音号的曝光量。

从零开始做抖音电商：引流涨粉＋直播带货＋橱窗小店＋广告盈利

4.1 社交平台引流

许多热门社交平台中通常都聚集了大量用户。对于运营者来说，这些社交平台就潜藏着大量的潜在粉丝，如果能够通过一定的方法将这些社交平台的流量引至抖音，便可直接实现粉丝量的快速增长。

4.1.1 微信引流

微信平台引流主要是借助微信这个社交软件，将抖音账号的相关信息告知微信好友，从而实现引流。具体来说，微信引流可以从4个方面进行：一是微信聊天引流；二是微信公众号引流；三是微信朋友圈引流；四是微信视频号引流。下面笔者就来分别进行说明。

1．微信聊天引流

微信聊天是微信的一个重要板块，许多人甚至直接将其作为日常生活和工作的一个主要沟通工具。运营者也可以充分利用微信聊天功能进行引流，将自己的微信好友和微信群成员转化成抖音号的粉丝。

在通过微信聊天进行引流时，运营者可以充分利用抖音短视频平台的"发送给朋友""收藏"和"推荐给朋友"等功能，将短视频内容发送给微信好友和微信群成员，从而扩大短视频内容的覆盖面。

2．微信公众号引流

微信公众号从某一方面来说就是个人和企业等主体进行信息发布，并通过运营来提升知名度和品牌形象的平台。运营者如果要选择一个用户基数大的平台来推广抖音短视频内容，且希望通过长期的内容积累来构建自己的品牌形象，那么微信公众号平台无疑是一个理想的传播平台。

在微信公众号上，运营者可以通过文章和短视频对抖音号的相关信息进行介绍，从而将微信公众号的粉丝转化为抖音号的粉丝。

3．微信朋友圈引流

对于运营者来说，虽然朋友圈单次传播的范围较小，但是从对接收者的影响程度来看，它却具有其他平台无法比拟的优势，具体如下。

（1）用户黏性强，很多人每天都会翻阅朋友圈。

（2）朋友圈好友间的关联性和互动性强，可信度高。

（3）朋友圈用户多，覆盖面广，二次传播范围大。

（4）朋友圈内转发和分享方便，易于短视频内容传播。

那么，运营者在朋友圈中进行抖音短视频推广时，应该注意什么呢？在笔者看来，有3个方面是需要重点关注的，具体分析如下。

（1）运营者在拍摄抖音短视频时要注意开始拍摄时画面的美观性。因为推送到朋友圈的短视频，是不能自主设置封面的，它显示的就是开始拍摄时的画面。当然，运营者也可以通过视频剪辑的方式保证推送视频"封面"的美观度。

（2）运营者在推广短视频时要做好文字描述。因为在看朋友圈中的短视频时，微信好友第一眼看到的就是短视频的"封面"和视频上方的文字描述，而短视频"封面"能够传递的信息是比较有限的。因此，许多运营者会通过文字描述将重要的信息呈现出来，如图4-1所示。这样的设置，一来有助于让受众了解短视频内容；二来设置得好，可以增强受众点击观看短视频的欲望。

（3）在通过短视频推广商品时，运营者要利用好朋友圈的评论功能。如果视频上方的文字描述过长，是会被折叠起来的。因此，为了完整地展示信息，运营者可以将重要信息放在评论里进行展示，如图4-2所示。这样可以让浏览朋友圈的人快速地把握住该条朋友圈的重点信息。

图4-1 做好重要信息的文字描述　　图4-2 利用好朋友圈的评论功能

4．微信视频号引流

微信视频号是近年来微信重点扶持的板块之一，因为背靠微信，所以视频号拥有庞大的用户群。因此，对于运营者来说，视频号无疑也是一个重要的引流平台。运营者只需在微信视频号上发布抖音账号推广营销信息，让视频号用户对你的抖音号产生兴趣，就可以达到为抖音号引流的目的。具体来说，运营者可以通过以下步骤在微信视频号中为抖音号引流。

步骤01 登录微信App，进入"发现"界面，选择界面中的"视频号"选项，如图 4-3 所示。

步骤 02 进入微信视频号的"推荐"界面,点击界面中的 图标,如图 4-4 所示。

图 4-3 选择"视频号"选项

图 4-4 点击 图标

步骤 03 进入微信视频号的账号信息管理界面,点击"发表视频"按钮,如图 4-5 所示。

步骤 04 在弹出的提示框中选择发表视频的方式,这里笔者以"从手机相册选择"为例进行说明,如图 4-6 所示。

图 4-5 点击"发表视频"按钮

图 4-6 选择"从手机相册选择"选项

步骤05 进入"最近项目"界面，从中选择需要发布的抖音号宣传内容，点击"下一步"按钮，如图4-7所示。

步骤06 进入视频内容预览界面，查看内容。确定内容无误后，点击"完成"按钮，如图4-8所示。

图4-7 点击"下一步"按钮　　　图4-8 点击"完成"按钮

步骤07 进入视频发布设置界面，设置视频的相关信息，点击"发表"按钮，如图4-9所示。

步骤08 操作完成后，如果视频内容出现在"关注"界面中，就说明抖音号宣传视频发布成功了，如图4-10所示。

图4-9 点击"发表"按钮　　　图4-10 视频发布成功

另外，运营者还可以自行对该视频点赞，将该视频推荐给微信好友，从而增强视频的传播效果，让抖音号获得更多流量。

4.1.2 QQ引流

腾讯QQ有两大引流利器：一是QQ群，二是QQ空间。接下来笔者就分别进行介绍。

1. QQ群引流

无论是微信群，还是QQ群，如果没有设置"消息免打扰"的话，群内任何人发布信息，群内其他人都是会收到提示信息的。因此，与朋友圈和微信订阅号不同，通过微信群和QQ群推广抖音号，可以让推广信息直达受众，这样一来，受众关注抖音号和播放短视频的可能性就更大了。

且微信群和QQ群内的用户都是基于一定目标和兴趣而聚集在一起的，因此，如果运营者推广的是具有一定专业性的视频内容，那么微信群和QQ群无疑是非常好的推广平台。

另外，相较于微信群需要推荐才能加群，QQ群明显更易于添加和推广。目前，QQ群分出了许多热门分类，运营者可以通过查找同类群的方式，加入进去，然后再通过短视频进行推广。QQ群推广的方法主要包括QQ群相册、QQ群公告、QQ群论坛、QQ群共享、QQ群动态和QQ群话题等。

以利用QQ群话题来推广抖音短视频为例，运营者可以通过相应人群感兴趣的话题来吸引QQ群用户的注意力。如在摄影群里，运营者可以先提出一个摄影人士普遍感觉比较有难度的摄影问题，引导大家评论，然后再适时地分享一条关于解决这一摄影问题的短视频。这样的话，有兴趣的用户一定不会错过你的短视频。

笔者写稿期间，抖音短视频是不能直接转发至QQ群的。在这种情况下，运营者如果想借助QQ群进行引流，还需要转变一下思路。比如，可以通过在QQ群中分享抖音号的主页信息，在增加抖音号曝光量的同时，将QQ群成员转变为抖音号的粉丝。

2. QQ空间引流

QQ空间是一个进行抖音引流的好地方，运营者需要先申请一个昵称与抖音号相同的QQ号，这样有利于积攒人气，吸引更多用户前来关注抖音号和观看抖音号发布的短视频。下面笔者就为大家介绍7种常见的QQ空间推广引流的方法，具体如下。

（1）QQ空间链接推广：利用"小视频"功能在QQ空间发布抖音短视频，

QQ好友看到后可以点击查看。

（2）QQ认证空间推广：订阅与产品相关的人气认证空间，更新动态时可以通过评论为抖音号引流。

（3）QQ空间生日栏推广：通过"好友生日"栏提醒好友，引导用户查看你的动态信息，并在动态信息中对抖音号进行推广。

（4）QQ空间日志推广：在日志中放入抖音号的相关资料，以更好地吸引用户的关注。

（5）QQ空间说说推广：QQ签名同步更新至说说上，用一句有吸引力的话吸引用户的关注。

（6）QQ空间相册推广：很多人加QQ都会查看相册，所以在相册中呈现抖音号的相关信息也是一个很好的引流方法。

（7）QQ空间分享推广：利用分享功能分享抖音号的相关信息，用户点击标题即可查看短视频内容。

4.1.3 微博引流

在微博平台上，运营者可以借助微博的两大功能进行抖音引流推广，即"@"功能和热门话题功能。

在借助微博进行引流推广的过程中，"@"功能非常重要。运营者可以在博文里"@"知名人士、媒体或企业，如果他们回复了你的内容，你就能借助他们的粉丝扩大自身的影响力。若明星在博文下方评论，则博文会受到很多粉丝及微博用户的关注，那么抖音短视频就会被推广出去。如图4-11所示，为通过"@"某明星来推广短视频和产品，从而吸引用户关注的案例。

图4-11 通过@吸引用户关注的案例

而微博"热门话题"则是一个制造热点信息的地方，也是聚集网民数量比较多的地方。运营者可以利用这些话题，发表自己的看法和感想，提高博文的阅读量，从而更好地推广自己的抖音号和短视频。

4.2 资讯平台引流

除了社交平台之外，一些资讯平台也是运营者挖掘潜在粉丝的重要渠道。那么，如何从资讯平台引流到抖音呢？这一节笔者就以今日头条、百度和一点资讯这3个平台为例进行说明。

4.2.1 今日头条引流

今日头条是一款基于用户数据行为的推荐引擎产品，同时也是短视频内容发布和变现的一个大好平台。运营者可以通过今日头条平台发布抖音短视频的方式，达到引流的目的，下面介绍具体的操作步骤。

步骤01 登录今日头条App，点击右上角的"发布"按钮；在弹出的对话框中点击"视频"按钮，如图4-12所示。

步骤02 执行操作后，进入视频选择界面，选择需要发布的视频（可以是直接宣传抖音号的视频），点击"下一步"按钮，如图4-13所示。

图4-12 点击"视频"按钮

图4-13 视频选择界面

步骤03 执行操作后，进入编辑信息界面。在该界面中编辑相关信息，编辑完成后，点击下方的"发布"按钮，如图4-14所示。

步骤04 执行操作后，如果视频发布成功，便可以在"关注"界面中看到该视频的相关信息，如图4-15所示。

图 4-14　点击"发布"按钮　　图 4-15　视频发布成功

除了发布抖音短视频引流之外，拥有今日头条号的运营者还可以借助绑定今日头条号实现粉丝量的快速增长，并获得更多流量。那么，抖音号如何绑定今日头条号呢？具体操作如下。

步骤 01　登录抖音短视频 App，进入"设置"界面，选择"账号与安全"选项，如图 4-16 所示。

步骤 02　进入"账号与安全"界面，选择界面中的"第三方账号绑定"选项，如图 4-17 所示。

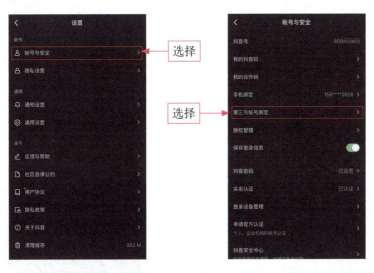

图 4-16　选择"账号与安全"选项　　图 4-17　选择"第三方账号绑定"选项

步骤 03 进入"第三方账号绑定"界面,选择界面中的"今日头条"选项,如图4-18所示。

步骤 04 进入今日头条登录界面,输入手机号和验证码;点击"进入头条"按钮,如图4-19所示。

图4-18 选择"今日头条"选项　　图4-19 点击"进入头条"按钮

步骤 05 进入今日头条授权登录界面,点击界面中的"授权并登录"按钮,如图4-20所示。

步骤 06 操作完成后,返回"第三方账号绑定"界面。此时,界面中如果弹出"绑定成功"对话框,就说明绑定成功了。绑定完成后,运营者还可以点击对话框中的"开启同步"按钮,进行视频的同步,如图4-21所示。

图4-20 点击"授权并登录"按钮　　图4-21 点击"开启同步"按钮

步骤07 操作完成后,同步按钮将显示开启,如图 4-22 所示。此时返回"设置"界面,运营者便会看到该界面中出现了一个"账号互通"板块,如图 4-23 所示。

图 4-22 同步按钮显示开启

图 4-23 出现"账号互通"板块

4.2.2 百度引流

作为中国网民经常使用的搜索引擎之一,百度毫无悬念地成为互联网 PC 端强劲的流量入口。具体来说,运营者借助百度推广引流主要可以从百度百科和百度知道这两个平台切入。

1. 百度百科

百科词条是百度百科营销的主要载体,做好百科词条的编辑对运营者来说至关重要。百科平台的词条信息有多种分类,但对于运营者引流推广而言,主要的词条形式有 4 种,具体如下。

(1)行业百科。运营者可以以行业领头人的姿态,参与行业词条信息的编辑,并在词条中加入抖音号的相关信息,让想要详细了解行业信息的用户关注你的抖音号。

(2)企业百科。运营者所在企业的品牌形象可以通过百科进行表述,并在百科中展示抖音企业号。

(3)特色百科。特色百科涉及的领域十分广泛,例如名人可以将自己的名字作为词条,并将自己运营的抖音号相关信息展示出来。

（4）产品百科。产品百科是消费者了解产品信息的重要渠道，能够起到宣传产品甚至促进产品使用和产生消费行为等作用。运营者可以通过展示抖音号的方式，为用户了解和购买产品提供渠道。

对于抖音号引流，特别是抖音企业号引流而言，相对比较合适的词条形式无疑是企业百科。例如，运营者采用企业百科的形式，多次展示抖音企业号的名称，从而提高该抖音企业号的曝光率。

2．百度知道

百度知道在网络营销方面，具有很好的信息传播和推广作用，利用百度知道平台，通过问答的社交形式，可以为运营者快速、精准地定位客户提供很大的帮助。百度知道在营销推广上具有两大优势：高精准度和高可信度。这两大优势能形成口碑效应，增强网络营销推广的效果。

通过百度知道来询问或作答的用户，通常对问题涉及的内容有很大兴趣。比如，有的用户想要了解"有哪些饮料比较好喝"，部分饮料爱好者会推荐自己喜欢的饮料，提问方通常也会接受推荐去购买对应的饮料。

百度知道是网络营销的重要方式，因为它的推广效果相对比较好，能为企业带来直接流量。基于百度知道而产生的问答营销，是一种新型的互联网互动营销方式，问答营销既能为运营者植入软性广告，也能通过问答来挖掘潜在用户。

例如，运营者可以通过"自问自答"（一个账号提问，另一个账号回答问题）的方式，介绍抖音号的相关信息，让用户在看到问答之后对你的抖音号产生兴趣，从而让抖音号获得更多流量。

4.2.3　一点资讯引流

一点资讯的主要特色为搜索与兴趣结合、个性化推荐和用户兴趣定位精准等。一点资讯平台的收益方式主要是平台分成，不过后来平台又推出了"点金计划"。借助"点金计划"，运营者发布短视频等内容不仅可以起到引流推广的作用，还能获得一定的收益。当然，如果运营者想要通过此渠道获取收益，是需要向平台方提出申请的，申请通过后才可以开始盈利。

那么，运营者如何在一点资讯中通过发布抖音短视频进行引流呢？具体操作步骤如下。

步骤01 登录一点资讯App，点击"首页"界面的"发布"按钮；在弹出的选项栏中，选择"发视频"选项，如图4-24所示。

步骤02 操作完成后，进入"最近项目"界面，选择需要发布的短视频，如图4-25所示。

图 4-24 选择"发视频"选项　　图 4-25 选择需要发布的短视频

步骤 03 进入视频预览界面，确认视频无误后，点击右上方的"下一步"按钮，如图 4-26 所示。

步骤 04 进入视频处理界面，完成处理后，点击右上方的"下一步"按钮，如图 4-27 所示。

图 4-26 点击"下一步"按钮　　图 4-27 点击"下一步"按钮

第 4 章　站外引流：借助各种平台汇聚流量

步骤 05　进入"发布"界面,在该界面中设置短视频标题等信息,点击"发布"按钮,如图4-28所示。

步骤 06　操作完成后,手机页面自动跳转至"小视频"界面,与此同时,刚刚发布的短视频将出现在该界面的左上方,如图4-29所示。

图4-28　点击"发布"按钮

图4-29　短视频出现在"小视频"界面左上方

4.3　视频平台引流

同样是以视频为主的平台,许多视频平台与抖音之间有着一些共通之处。这也为运营者从视频平台引流到抖音提供了一些便利。本节笔者就来为大家介绍借助视频平台为抖音引流的方法。

4.3.1　快手引流

快手可以说是短视频领域的先行者,在抖音还没发展起来时,它可以算是短视频领域的霸主。即便是如今有了抖音的竞争,快手仍获得了大量忠实粉丝的支持。这样一个拥有巨大流量的平台,显然是运营者引流的一大阵地。

其实,要将快手用户引流到短视频账号中也很简单。运营者可以在快手中发布与抖音号相关的视频,吸引快手用户前去查看你的抖音号和短视频。具体来说,运营者可以通过如下步骤在快手上发布抖音引流短视频。

步骤 01　登录快手App,进入"发现"界面,并点击界面中的 ◎ 图标,如图4-30所示。

步骤 02 进入视频拍摄界面，点击界面中的"相册"按钮，如图 4-31 所示。

图 4-30 点击 ◎ 图标

图 4-31 点击"相册"按钮

步骤 03 进入"最近项目"界面，选择需要上传的视频或图片；点击下方的"下一步"按钮，如图 4-32 所示。

步骤 04 进入短视频编辑界面，在该界面中查看视频内容，确认无误后点击下方的"下一步"按钮，如图 4-33 所示。

图 4-32 点击"下一步"按钮

图 4-33 点击"下一步"按钮

步骤 05 进入视频"发布"界面,在该界面中填写视频的相关信息,并对封面图片和所在位置等内容进行设置。相关信息填写和设置完成后,点击下方的"发布"按钮,如图 4-34 所示。

步骤 06 操作完成后,如果页面跳转至"关注"界面,并且在界面中出现刚刚发布的视频,就说明视频发布成功了,如图 4-35 所示。

图 4-34 点击"发布"按钮

图 4-35 视频发布成功

4.3.2 爱奇艺引流

爱奇艺创立于 2010 年,它是一个以"悦享品质"为理念的视频网站。在短视频发展如火如荼之际,爱奇艺也推出了信息流短视频产品和短视频业务,加入了短视频领域。

一方面,在爱奇艺 App 的众多频道中,有些频道就是以短视频为主导的,如大家喜欢的资讯、热点和搞笑等频道;另一方面,它专门推出了爱奇艺纳逗 App,这是一款基于个性化推荐的、以打造有趣和好玩资讯为主的短视频应用。

当然,短视频在社交属性、娱乐属性和资讯属性等方面各有优势,而爱奇艺也选择了它的发展方向——娱乐性,无论是爱奇艺 App 的搞笑、热点频道,还是爱奇艺纳逗 App 中推荐的以好玩、有趣为主格调的短视频内容,都能充分地体现出来。

而对于运营者来说,正是因为爱奇艺在某些频道的短视频业务偏向短视频 App 开发,让他们找到了推广抖音号和短视频的渠道。同时,爱奇艺有着巨大的用户群体和较高的关注度,因而在该平台上对抖音号进行宣传和推广,通常可以获得不错的效果。

如图4-36所示，为某抖音号运营者在爱奇艺上发布的一条宣传推广视频。可以看到，该视频对抖音号主页等信息进行了展示。这样一来，如果爱奇艺用户对该抖音号感兴趣，就会在抖音中查看该账号，而这无疑便可为该账号带来一定流量。

图4-36 抖音号运营者在爱奇艺上发布的宣传推广视频

4.3.3 西瓜视频引流

随着各大网络平台对短视频创作者扶持力度的加大，西瓜视频平台吸引了越来越多运营者的入驻，而许多用户也将西瓜视频作为观看视频内容的主要选择之一。那么，如何借助西瓜视频为抖音号引流呢？具体来说，运营者可以通过以下步骤发布宣传视频，让西瓜视频用户看到你的宣传内容之后，进入抖音平台查看你的账号和视频。

步骤 01 登录"西瓜视频"App，进入"我的"界面，点击界面中的"发视频"按钮，如图4-37所示。

步骤 02 进入"最近项目"界面，在该界面中，选择要宣传推广的视频，点击"下一步"按钮，如图4-38所示。

步骤 03 进入视频剪辑界面，对视频进行剪辑操作。操作完成后，点击"下一步"按钮，如图4-39所示。

步骤 04 进入"发布视频"界面，在该界面中对视频的相关信息进行设置，设置完成后，点击"发布"按钮，如图4-40所示。

图 4-37 点击"发视频"按钮

图 4-38 点击"下一步"按钮

图 4-39 点击"下一步"按钮

图 4-40 点击"发布"按钮

步骤 05 操作完成后,进入"我的"界面,点击界面中的"内容管理"按钮,如图 4-41 所示。

步骤 06 进入"内容管理"界面,如果该界面中出现刚刚发布的视频,就说明抖音宣传推广视频发布成功了,如图 4-42 所示。

图 4-41 点击"内容管理"按钮　　图 4-42 视频发布成功

4.4 音频平台引流

音频内容的传播适用场景更多样，跑步、开车甚至工作等多种场景，都能在悠闲时收听音频节目。相比视频，音频更能满足人们的碎片化需求。对于运营者来说，利用音频平台来宣传抖音号，是一条很好的营销思路。

音频营销是一种新兴的营销方式，是主要以音频为内容的传播载体，通过音频节目运营品牌、推广产品。随着移动互联网的发展，以音频节目为主的网络电台迎来了新机遇，与之对应的音频营销也得到进一步发展。音频营销的特点具体如下。

（1）闭屏特点。闭屏特点能让信息更有效地传递给用户，这对品牌、产品推广营销而言更有价值。

（2）伴随特点。相比视频、文字等载体，音频具有独特的伴随属性，它不需要视觉上的精力，只需双耳在闲暇时收听即可。

正因如此，音频平台始终都有一定的受众。而对于运营者来说，如果将这些受众好好利用起来，从音频平台引流到抖音号，便能实现抖音号粉丝的快速增长。

4.4.1 QQ 音乐引流

QQ 音乐是国内比较具有影响力的音乐平台之一，许多人都会将 QQ 音乐 App 作为必备的 App 之一。QQ 音乐和抖音看似属于不同的公司，却有一定的联系。例如，在"QQ 音乐排行榜"中便设置了"抖音排行榜"，用户只需点击进去，便可以看到抖音上的许多热门歌曲，如图 4-43 所示。

图 4-43　QQ 音乐"抖音排行榜"界面

因此，对于一些创作型歌手来说，只要在抖音上发布自己的原创作品，且作品在抖音上的流传度比较高，作品就有可能进入 QQ 音乐"抖音排行榜"。QQ 音乐的用户在听到"抖音排行榜"中的作品之后，如果觉得很不错，就有可能去关注创作者的抖音号，这便能为创作者带来不错的流量。

而对于大多数普通运营者来说，虽然自身可能没有独立创作音乐的能力，但也可以将进入"抖音排行榜"的歌曲作为抖音短视频的背景音乐。因为有的 QQ 音乐用户在听到进入"抖音排行榜"的歌曲之后，可能会去抖音上搜索相关的内容。如果你的短视频将对应的歌曲作为背景音乐，便有可能进入这些 QQ 音乐用户的视野。这样一来，你便可以借助背景音乐获得一定的流量。

4.4.2　蜻蜓 FM 引流

蜻蜓 FM 是一款强大的广播收听应用，用户可以通过它收听国内、海外等地区数千个广播电台，而且蜻蜓 FM 具有一些独特的功能特点，如图 4-44 所示。

在蜻蜓 FM 平台上，用户可以直接通过搜索栏寻找自己喜欢的音频节目。因此，运营者只需根据自身内容，选择热门关键词作为标题便可将内容传播给目标用户，并在音频的开头对自己的抖音号进行简单介绍。

如图 4-45 所示，笔者在蜻蜓 FM 平台搜索"抖音运营"后，便出现了多个与之相关的内容。运营者如果在音频中介绍了自己的账号，而音频内容又比较有价值，用户就可能关注你的抖音号。

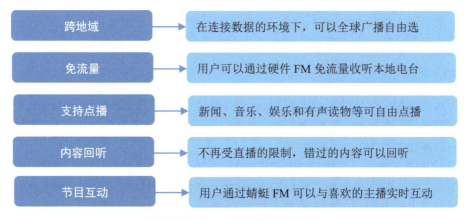

图 4-44　蜻蜓 FM 的功能和特点

图 4-45　蜻蜓 FM 中"抖音运营"的搜索结果

运营者应该充分利用用户碎片化需求，通过音频平台来发布产品信息广告，音频广告的投放较为精准，而且广告的运营成本比较低廉，非常适合本地中小企业长期推广。

例如，做餐饮的运营者，可以与美食相关的音频节目组合作。因为这些节目通常有大批关注美食的用户收听，广告投放的精准度和效果会非常好。

4.5 线下平台引流

除了线上的各大平台外,线下平台也是抖音引流不可忽略的渠道。目前,从线下平台引流到抖音主要有3种方式,本节笔者将分别进行解读。

4.5.1 线下拍摄引流

对于拥有实体店的运营者来说,线下拍摄抖音短视频是一种比较简单有效的引流方式。通常来说,线下拍摄可分为两种:一种是运营者及相关人员自行拍摄;另一种是邀请进店的消费者拍摄。

运营者及相关人员自行拍摄短视频时,能够引发路过的行人的好奇心,为店铺引流。短视频上传之后,如果用户对你的内容比较感兴趣,也会选择关注你的账号。而邀请进店的消费者拍摄,则可以直接拓宽店铺的宣传渠道,让更多用户看到你的店铺及相关信息,从而达到为店铺和账号引流的目的。

4.5.2 线下转发引流

如果单纯邀请消费者拍摄的效果可能不是很明显,运营者还可以采取另一种策略,那就是在线下的实体店邀请消费者转发优惠的活动信息,让消费者将拍摄好的短视频转发至微信群、QQ群或朋友圈等社交平台,从而提高店铺和抖音号的知名度。

当然,为了提高消费者的转发积极性,运营者可以根据消费者发布的内容的转发数量,以及转发后的点赞数等给出不同的优惠力度。这样,消费者为了获得更大的优惠力度,自然会更卖力地进行转发,而转发的实际效果也会更好。

4.5.3 线下扫码引流

除了线下拍摄和线下转发之外,还有一种直接增加账号粉丝数量的方法,那就是通过线下扫码,让进店的消费者或者是路人成为你的粉丝。

当然,在扫码之前,还需有码可扫。对此,运营者可以进入"我"界面,点击 图标,在弹出的选择栏中,点击"我的二维码"按钮,如图4-46所示。操作完成后,进入"我的名片"界面,运营者只需点击界面中的"保存到相册"按钮,便可保存抖音号二维码,如图4-47所示。

抖音号二维码下载完成之后,运营者可以将其打印出来,通过发传单或者将抖音号二维码放置在店铺显眼位置的方式,让用户扫码加好友并关注你的抖音号。

图4-46 点击"我的二维码"按钮　　图4-47 点击"保存到相册"按钮

第4章 站外引流:借助各种平台汇聚流量

第 5 章
优化搜索：增加视频和账号的曝光量

学前提示

抖音搜索是一个重要的分享和引流入口，许多用户会通过搜索功能，查找并查看对应抖音号和抖音短视频的内容。因此，运营者要做好抖音号和抖音短视频内容的排名优化工作，通过优化搜索，增加短视频和抖音号的曝光量。

5.1 把握搜索界面的功能

运营者要想利用抖音搜索增加短视频和账号的曝光量,还得把握好抖音搜索界面的相关功能,并利用这些功能提高短视频和账号的热度。具体来说,在抖音搜索界面,运营者需要重点把握4个功能,本节笔者就分别讲解这4个功能。

5.1.1 抖音"搜索"功能

因为许多用户是通过搜索功能来查找和观看抖音号内容的,所以运营者想要借助搜索功能增加短视频和账号的曝光量,还得了解抖音搜索功能的运行规则,并据此打造更容易被搜索到的内容。

具体来说,运营者可以点击抖音短视频App"首页"界面中的 🔍 图标,如图5-1所示。操作完成后,即可进入抖音搜索界面。点击抖音搜索界面中的输入栏,如图5-2所示。

图 5-1 点击 🔍 图标

图 5-2 点击抖音搜索界面中的输入栏

操作完成后,在输入栏中输入需要搜索的内容,如"手机摄影构图大全";点击"搜索"按钮,如图5-3所示。操作完成后,自动进入"综合"搜索界面,在该界面中会根据搜索词向运营者推荐用户(即抖音号)和短视频内容,如图5-4所示。

当然,如果运营者想查看与搜索关键词相关的视频、用户、音乐、话题或直播,也可以点击搜索结果界面上方的按钮,进入对应的界面,查看需要的内容。

从搜索结果可以看出,搜索结果界面中会将与搜索词重合度较高的抖音号和短视频排在前列。所以，运营者在给抖音号取名或者设置短视频标题时，需要添加用户可能会搜索的内容。这样，你的抖音号和短视频便会更容易被搜索到。

图 5-3　点击"搜索"按钮

图 5-4　"综合"搜索界面

5.1.2　"猜你想搜"功能

"猜你想搜"是位于搜索栏下方的一个板块，该板块中会根据他人的热搜内容和用户的个人兴趣推荐一些热点内容。借助"猜你想搜"功能，运营者可以快速了解当前用户比较感兴趣的内容。如果想了解更多热搜内容，还可以点击"换一换"按钮，如图 5-5 所示。操作完成后，"猜你想搜"板块中便会出现一些新的热搜内容，如图 5-6 所示。

图 5-5　点击"换一换"按钮

从零开始做抖音电商：引流涨粉＋直播带货＋橱窗小店＋广告盈利

图 5-6 "猜你想搜"板块中出现一些新的热搜内容

在打造短视频内容时，运营者可以适当地结合这些热搜，这样，用户在搜索这些热搜内容时，你的短视频便有可能被用户看到。而短视频通过抖音搜索入口获得的流量自然也就增加了。

5.1.3 "抖音热榜"功能

"抖音热榜"位于"猜你想搜"板块的下方。在"抖音热榜"板块中，会根据热度对当前的热点事件进行排序，如图 5-7 所示。运营者可以向上滑动抖音搜索界面，点击界面下方的"查看完整热点榜"按钮，如图 5-8 所示。

图 5-7 "抖音热榜"板块

图 5-8 点击"查看完整热点榜"按钮

操作完成后，即可进入"抖音热榜"的"热点榜"界面，查看当前各类热点的热度排行情况，如图 5-9 所示。当然，运营者也可以点击界面中的菜单栏按钮，

90

分别查看"娱乐榜""社会榜""同城榜"的排行情况。如图 5-10 所示,为"抖音热榜"的"娱乐榜"排行情况。

图 5-9 "热点榜"排行　　　　图 5-10 "娱乐榜"排行

运营者可以结合"抖音热榜"中的热点事件打造短视频内容,或者添加与这些热点事件相关的话题。这样一来,如果用户搜索这些热点事件,那么你的短视频就有可能被用户看到。

5.1.4 "音乐榜"功能

运营者可以点击抖音搜索界面中的"音乐榜"按钮,操作完成后即可查看当前热门音乐的排行情况,如图 5-11 所示。如果运营者想要查看完整的榜单,可以向上滑动抖音搜索界面,点击界面下方的"查看完整音乐榜"按钮,如图 5-12 所示。

操作完成后,会自动进入"抖音音乐榜"的"热歌榜"界面。该界面会根据热度对抖音中出现的歌曲进行排名,歌曲的热度越高,排名就越靠前,如图 5-13 所示。除了"热歌榜"之外,运营者还可以点击菜单栏中的按钮,分别查看"飙升榜"和"原创榜"的具体排行情况。如图 5-14 所示,为"抖音音乐榜"的"飙升榜"的具体排行情况。

因为抖音是可以针对音乐进行搜索的,所以如果短视频中的音乐热度比较高,那么运营者的短视频也更容易被用户搜索到。因此,运营者在打造短视频时,可以借助"音乐榜"功能,查看当前的热门歌曲,然后从中选择适合短视频内容的音乐,从而提高短视频被搜索到的概率。

图 5-11 "音乐榜"排行

图 5-12 点击"查看完整音乐榜"按钮

图 5-13 "热歌榜"排行

图 5-14 "飙升榜"排行

5.2 做好搜索关键词的研究

在抖音号搜索中,关键词对搜索结果有着极重要的影响。一般来说,用户都是直接输入关键词进行搜索,因此运营者想要在抖音号搜索这个流量入口中获得更多流量,就要让别人能搜索到自己的内容,而要想做到这一点,运营者就需要做好搜索关键词的研究工作。

5.2.1 什么是搜索关键词

运营者要想更全面地深入抖音搜索的世界,就得依靠关键词。关键词的选取会对抖音号发布的内容产生较大影响,只要关键词放置得当,就可以获得较大的流量。一个优秀的抖音号运营者,需要有比较好的写作基础和视频制作能力,以及敏锐的产品与消费者观察力,这样才能更好地选择合适的关键词。

抖音搜索中的关键词主要分为 3 种,运营者可以根据关键词的内容,选择适合的具体关键词。

1. 核心关键词

所谓"核心关键词",就是与抖音号定位及其内容主题相关的词语,同时也是搜索量比较高的词语。比如,某抖音号是一个搜索服务型的平台,那么该抖音号的核心关键词就是搜索、网站优化和搜索引擎优化等。

此外,核心关键词也可以是产品、企业、网站、服务和行业的名称,或是与之相关的属性和特色的词汇,如××减肥茶、××公司、××网和××摄影师等。那么,我们应该如何选择核心关键词呢?具体分析如下。

1)与抖音号紧密相关

这是抖音号短视频内容核心关键词选择最基本的要求,如果是做服装销售的,选择的关键词却是电脑器材,那肯定是不行的。核心关键词是与抖音号密切相关的,不能偏离整体方向。

核心关键词与抖音号紧密相关,具体表现在以下 3 个方面:一是要让用户明白抖音号是做什么的,也就是要与抖音号的领域有关联;二是要让用户了解抖音号能够提供什么服务,也就是要表现抖音号的功能;三是要让用户知道抖音号能为其解决什么问题,也就是要突出抖音号的价值和特色。

2)符合用户搜索习惯

许多运营者不只是把抖音作为分享生活的窗口,还希望能够借助抖音号运营获得一定的收益。因此运营者就需要为自己的受众服务,从而更好地达到变现的目的。既然这样,那么关键词的设置也要考虑用户的搜索情况。

所以在选择关键词的时候,运营者可以列出几个核心关键词,然后换一下角色,思考如果自己是用户会怎么搜索,从而保证核心关键词的设置更加接近真实用户的搜索习惯。

3)有竞争性的热词

为什么有的词虽然用户搜索得多,但是因为很多短视频内容中都带有这个词,所以很多带有该词的内容不一定会被用户看到,却还是有大量运营者要将这个词

从零开始做抖音电商：引流涨粉＋直播带货＋橱窗小店＋广告盈利

作为核心关键词呢？而有的关键词运营者用得很少，很容易得到较高的排名，却很少有运营者将这样的词作为核心关键词呢？

在此，就不得不提及关键词的竞争程度了，下面就为大家介绍一下关于关键词竞争程度的判断。关于关键词竞争程度判断的问题，可从搜索次数、竞争对手的数量、竞价推广数量和竞价价格这4个方面分析。通常来说，一个关键词在这4个方面的数值越大，那么该关键词的竞争程度就越强。

2．辅助关键词

辅助关键词，又称相关关键词或扩展关键词，主要是对抖音号内容中核心关键词进行补充和辅助。与核心关键词相比，辅助关键词的数量更多、更丰富，更能够说明运营者的意图，能对短视频内容起优化作用。

辅助关键词的形式有很多种，它可以是具体的某个词汇，也可以是短语、网络用语或流行词，只要是能为抖音号引流吸粉的词汇，都可以被称为辅助关键词。例如，某抖音号发布的内容的核心关键词是"摄影"，那么"手机摄影""相机""短视频"等都是非常好的辅助关键词。

在抖音号中，运营者可以通过对核心关键词进行相应的增删得到辅助关键词。例如，核心关键词"摄影"与"技巧"这两个词组合后，就可以产生一个新的辅助关键词"摄影技巧"。

在抖音号的搜索结果展示中，辅助关键词可以有效地增加核心关键词的曝光量，提高抖音号和短视频被用户看到的概率，从而增加抖音号和短视频的流量。

具体来说，辅助关键词具有3个方面的作用，即补充说明核心关键词，控制核心关键词密度，增加抖音号与短视频的曝光量。

3．长尾关键词

长尾关键词是对辅助关键词的一个扩展，且一般长尾关键词都是一个短句。例如，一家搜索服务型抖音号的长尾关键词就是"哪家搜索服务公司好""平台搜索服优化找谁"等。

长尾关键词比较长，它往往由2～3个词组成，有时甚至是一个短语。通常来说，大部分运营者会将长尾关键词用在抖音短视频的标题和文案内容中，用来增加短视频的曝光量。那么，如何更好地获得长尾关键词呢？下面笔者就来为大家介绍几种实用的方法。

1）通过流量统计工具获取

因为抖音号暂时没有自己的流量统计工具，但是我们可以通过其他平台的流量统计数据来预测抖音号搜索热词。

比如，运营者可以通过飞瓜数据和飞瓜快数平台统计流量，分析出用户的搜索行为，判断出用户对哪些方面的内容比较感兴趣，然后从中选择合适的长尾关键词。

2）通过问答平台及社区获取

问答平台是网友用来解决问题的直接渠道之一。问答平台上虽然充斥着大量的推广和广告问答，但也有大量用户的真实问答。而且在问答平台中回复网友问题的人，大多数是专家或该问题相关领域的工作者，因此平台中会出现大量具有专业性或口语化的长尾关键词。

3）通过站长工具及软件获取

目前许多站长工具软件都有关键词拓展查询功能，而且会给出关键词的搜索量以及优化难度，运营者可以据此筛选出合适的长尾关键词。

4）通过搜索引擎工具获取

运营者用来选取长尾关键词的搜索引擎工具有很多。例如，百度竞价的后台就是一种可以用来拓展长尾关键词的搜索引擎工具；而谷歌的网站管理员工具和百度的凤巢竞价后台，则是非常好的查询关键词的工具，而且这些平台中的数据都是比较真实可靠的。

5）通过拆分组合获取

拆分组合是很常见的一种拓展方式，它主要是将抖音号目标关键词进行分析、拆分，然后再组合在一起，使其变成一个新的关键词。使用这种方法可以产生大批量的关键词，虽然与之前的几种方法相比，在性价比上没有那么高，但是可以全方位地进行拓展，将关键词都覆盖住，因此它是一种全面撒网式的拓展方法。

6）通过其他方法获取

除了以上方法外，运营者还可以抓取竞争对手或同类抖音号中好的长尾关键词，并进行分析和筛选，将合适的词汇存入关键词库。又或者利用一些风云榜和排行榜的数据，截取中心词来拓展长尾关键词。

5.2.2　关键词的价值评估

什么是有价值的关键词？简单来说，就是有人搜索的关键词才有价值，因此运营者要研究关键词，知道哪些关键词确实有用户在搜索。

而运营者要发掘有价值的关键词，其实就是要避免使用没有价值的关键词。通常来说，以下两种方法选取的关键词，就是不太具有价值的。

（1）没有品牌知名度的公司，用公司的名称作为抖音号名称，或者在短视频中强调公司名称。

（2）抖音号名称和短视频标题中不包含通用名称，如摄影短视频中没有"摄影"这个关键词，用户往往搜索不到。

5.2.3 关键词的流量转化

为什么要通过关键词抢占更多流量呢？运营者要清楚自己的目标并不只是获得流量，还要通过增加流量获得更多的转化量。

例如，某抖音号在关键词优化上做得很好，在它的账号名称和短视频标题中都加入了"手机摄影"这个关键词，如图 5-15 所示。再加上这个抖音号展示了许多干货内容，所以该抖音号获得了许多对手机摄影感兴趣的用户的关注，快速积累了大量粉丝。

图 5-15 账号名称和短视频标题中都添加了关键词

有了数量众多的粉丝作为基础，该抖音号在进行引流、推出会员制和举办变现活动时就可以水到渠成了，具体分析如图 5-16 所示。

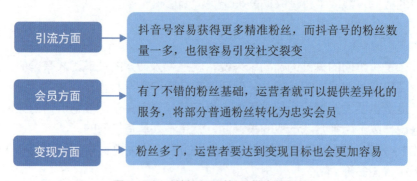

引流方面	→	抖音号容易获得更多精准粉丝，而抖音号的粉丝数量一多，也很容易引发社交裂变
会员方面	→	有了不错的粉丝基础，运营者就可以提供差异化的服务，将部分普通粉丝转化为忠实会员
变现方面	→	粉丝多了，运营者要达到变现目标也会更加容易

图 5-16 关键词吸引粉丝带来的好处

5.2.4 细化分析关键词

关键词对于搜索排名至关重要，因此运营者在选择关键词时，需要通过对关键词进行具体化，从而细化服务，让你选择的关键词更好地满足目标受众的需求。对此，运营者需要重点做好4个方面的工作，具体如下。

1．从行业状况分析

运营一个抖音号肯定需要事先了解该抖音号所在行业的抖音号数量以及排名情况，确定关键词的思路也是一样。例如，某抖音号是美食类账号，那么在抖音搜索时就要以"美食"这个关键词去了解行业的关键词情况。通常来说，美食类抖音号的名称中一般都是以"美食"为关键词，并且其发布的短视频中也使用了该关键词，如图5-17所示。

图 5-17 美食类抖音号发布的短视频

2．分析竞争关键词

运营者分析行业关键词主要是为了能够找到适合自己抖音号的关键词，从而更好地增加抖音号的粉丝。但是关键词也具有竞争性，运营者要想在行业中脱颖而出，就应该从以下3个方面分析关键词的竞争性。

（1）关键词的相关性。

（2）关键词的搜索量。

（3）关键词的商业价值。

一般来说，选择性的关键词，即二级关键词，与主关键词相比，它的竞争力比较小，在关键词的搜索量上相差不大，但是发展时间较长，若运营者的时间允许，可以先从二级关键词进行推广引流。

3．预计关键词价值

预计关键词搜索的流量和价值一般是大公司的关键词研究项目，个人及小型企业的抖音号能够找到适合的关键词就不需要做这一步的工作了，而且预计流量对公司抖音号的发展很重要，一般会有专门的团队负责进行分析和总结。下面笔者从两个方面对预计关键词的使用方法进行分析和介绍。

（1）确定目标关键词的排名。运营者根据百度指数或其他分析关键词工具上关键词的竞争指数，分析预计抖音号用此类关键词能得到什么样的排名。需要说明的是，预计排名肯定不会与实际排名一样，因此无论预计排名如何，运营者都要根据实际情况进行关键词的再次分析，以便下次更好地进行排名预计。

（2）预计关键词流量和效果。运营者确定了关键词的排名后，需要根据已有的搜索次数、预计排名和搜索结果页来预计关键词流量和效果。下面从两个方向进行分析，如图5-18所示。

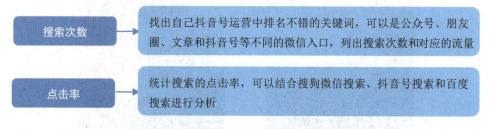

图5-18 预计关键词流量和效果的分析方向

4．预计关键词流量的价值

运营者使用预计关键词也是为了获得更多精准流量，因此预计关键词流量的价值也是公司预计中的一个项目。得出预计流量后，运营者结合转化率、平均销量和平均每单的盈利这3项数据就可计算出其流量价值了。

5.2.5 名称和标题的关键词

运营者要想让自己的抖音号和短视频被更多用户看到，就需要注意抖音号名称和标题中的关键词的使用。那么，在抖音号名称和短视频标题中要如何更好地使用关键词呢？下面笔者就来介绍具体的技巧。

1. 抖音号名称中关键词的使用

用户在搜索抖音号时，主要是直接使用关键词进行搜索的。因此，账号的名称要在直观上给用户一种能够满足需求的感受。

那么，运营者要如何取一个在直观感受上就能够吸引用户眼球的名称呢？下面笔者就从体现领域特征、满足用户需求和恰当的组合这3个方面，以图解的形式介绍抖音号名称中关键词的使用方法，如图5-19所示。

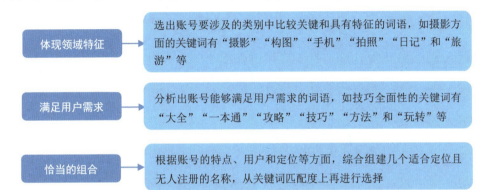

图5-19 抖音号名称中关键词的使用方法

2. 短视频内容中关键词的使用

要想让短视频内容更加吸引用户，就要重点做好标题的设置，由于用户是直接用关键词进行搜索的，所以标题中关键词的使用就显得尤为重要了。

下面笔者从标题的关键词热度、关键词次数和关键词主题这3个方面，以图解的形式介绍短视频标题中关键词的使用方法，如图5-20所示。

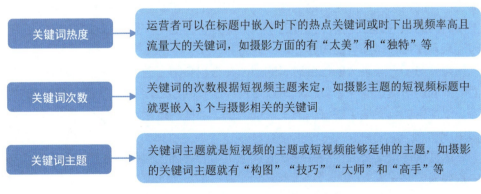

图5-20 短视频标题中关键词的使用方法

5.2.6 提高关键词的匹配度

搜索信息与被搜索抖音号内容相匹配是搜索成功的关键。只有搜索信息与目标抖音号内容产生一定的关联，目标抖音号内容才有可能被搜索关键词的用户看到。通常来说，抖音搜索的流程如图 5-21 所示。

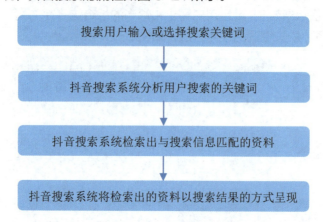

图 5-21　抖音搜索的流程

可见，搜索信息与被搜索抖音号内容的匹配度会直接影响搜索结果，因此，为了能让搜索用户看到内容，运营者有必要了解关键词匹配度的相关知识。

一般来说，影响抖音号内容搜索结果的匹配因素有 3 个，即时间匹配度、类别匹配度和信息匹配度，下面进行具体说明。

1．时间匹配度

在抖音号上，运营者发布的所有短视频内容，都会出现在主页界面的"作品"板块中，而且这些作品是按照时间的先后排序的，也就是新发布的内容在上面，发布时间越长的越往下排（置顶的短视频除外），而用户则可以根据内容发布的时间来查找目标抖音号的内容。

媒体对于一些重大的社会时事的报道往往也会附上时间，这也是想了解这方面时事的用户搜索的一个契机。这些用户会通过限定日期来查看相关抖音号的内容，以便更加全面地了解该信息。这样一来，那些超过限定日期的内容，便不会被用户看到了。

运营者搜索某个关键词并查看搜索结果中的短视频时就会发现，每个短视频中都会显示时间。

具体来说，发布时间不超过一天的短视频，会显示短视频是在多少分钟或多少个小时前发布的，如图 5-22 所示。发布时间不超过一周的短视频，会显示短视频是在多少天前发布的,如图 5-23 所示。与查看日同一年发布的短视频,会显示是在几月几日发布的,如图 5-24 所示。而与查看日不是同一年发布的短视频,则会显示短视频发布的具体年月日,如图 5-25 所示。

图 5-22　发布时间不超过一天的短视频

图 5-23　发布时间不超过一周的短视频

图 5-24　与查看日同一年发布的短视频

图 5-25　与查看日不是同一年发布的短视频

另外,用户在搜索关键词时,也可以根据发布的时间筛选自己需要的内容。具体来说,用户可以选择查看"一天内""一周内"或"半年内"发布的短视频内容,如图 5-26 所示。

图 5-26 用户搜索关键词时可以根据发布时间筛选内容

因此，为了让关键词获得更高的时间匹配度，运营者需要尽可能地选取近期的热搜关键词。这样，即便用户对搜索内容的时间做出了限定，你的短视频也更容易被用户看到。

2. 类别匹配度

分类搜索是一种被广泛运用的搜索技巧。早期互联网上的搜索就是通过将网站进行分类，方便用户根据自身需求进行匹配，查找目标网站。没有明确目标的用户，也能通过分类搜索确定一个大致的查找方向。

如果单纯根据抖音号的类型对搜索内容进行分类也不太合适，因为如今的抖音号内容生产者都在向多元化的方向发展，除了发布自己账号垂直领域的内容外，还会发布很多其他方面的内容，这时运营者就可以将自己发布的内容进行简单的分类，方便其他用户根据自身需求找到匹配内容。

常见的抖音号内容分类方法有两种：一种是在标题中加类别标签，另一种则是在短视频封面上添加类别标签。

3. 信息匹配度

信息匹配度是影响抖音号内容搜索结果的重要因素，大多数用户是根据内容的信息进行搜索的。这些用于搜索的信息主要有两种：一是短视频的标题，二是短视频的内容，下面分别进行介绍。

1）短视频标题的匹配度

标题是短视频内容的浓缩，应该体现内容的中心思想。但在互联网文化的影响下，出现了一些以搞怪和搞笑为主题的短视频内容，这些短视频的标题与视频内容并不相符，其标题很可能还是对短视频内容的歪曲或夸张。

这类标题没有如实反映短视频内容，显然不能满足内容搜索的匹配度，所以建议大家不要采用这种标题。虽然这类夸张的标题能一时吸引用户的眼球，但是因为标题并不符合短视频的实际内容,所以很容易引起用户的反感,显然是不利于抖音号长期发展的。

2)短视频内容的匹配度

除了短视频标题之外,视频内容也有主题跑偏、不符合实际的情况,例如抖音号中常见的各类广告营销视频就属于此类。对于这类广告营销视频,大多数用户是十分反感的。用户花费了时间和精力搜索,得到的却是与目标无关的东西。

对于这种情况,运营者可以从标题和内容出发来提高视频搜索的匹配度:一是在标题中添加"推广"和"好物"等标签,提醒用户这是广告;二是将广告推荐的产品融入内容主题中,让用户在看到广告的同时也能获得搜索目标,这样用户即便看到广告也不会太反感。

5.2.7 挖掘新的热门关键词

定下短视频内容主题之后,部分运营者很难再想到与主题相关的其他关键词,思路很容易被已有或常用的关键词限制住。但是用户的思维没有被限制,用户会根据不同时刻的需求想到各式各样的关键词,然后在抖音上进行搜索。

这时,运营者就需要具备能够发现用户搜索关键词的能力,这样才能尽可能地吸引更多用户的关注,增加自己抖音号内容的浏览量。

那么,如何具备这样的发现技能呢?运营者应从发现新的关键词入手,下面笔者以图解的形式分析介绍,如图5-27所示。

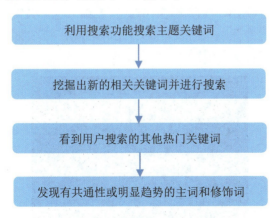

图5-27 如何发掘新的关键词

5.3 增加视频内容的曝光量

通常来说,抖音号及其短视频的曝光量越大,抖音号的带货效果就会越好。那么,如何通过关键词的设置来增加短视频内容的曝光量呢?本节笔者就来介绍

4 种技巧。

5.3.1 从用户角度出发

在设置关键词时，运营者可以从用户的角度出发，了解用户的搜索习惯、浏览习惯和阅读习惯，让你的关键词快速地吸引用户的注意力。

1. 搜索习惯

无论是在网站上还是在抖音上搜索，用户的搜索习惯始终不会改变。用户的搜索习惯是指用户在搜索自己所需要的信息时，所使用的关键词形式，而对于不同类型的产品，不同的用户会有不同的思考和搜索习惯。这时，运营者就应该优先选择那些符合大部分用户搜索习惯的关键词形式。

一般来说，用户在进行搜索时，输入不同的关键词会出现不同的搜索结果，对于同样的内容，如果用户的搜索习惯和运营者要表达的关键词形式存在差异，那么短视频与搜索关键词的相关性会大大降低。在这种情况下，你的短视频便有可能被排除在搜索结果之外，因为大部分用户在寻找 A 内容，而你提供的却是 B 内容。

因此，运营者在设置关键词时，可以通过统计用户在寻找同类内容或产品时所使用的关键词形式，分析用户的搜索习惯。

运营者要分析用户的搜索习惯，可以在搜索栏中输入关键词，然后查看下方出现的相关关键词。例如，在搜索栏中输入"女装"这个关键词，搜索栏下方会显示出"女装店""女装""女装直播""女装穿搭""女装搭配"等结果，如图 5-28 所示。

图 5-28　在抖音中搜索"女装"

抖音搜索中，会根据用户输入的内容，为用户推荐相关的关键词，并且搜索量越高的关键词，推荐的排名也越高。因此，如果运营者是做女装销售的，那么可以在短视频中添加"女装店""女装"和"女装直播"来获得更多精准的流量。

2．浏览习惯

一般来说，在抖音中搜索短视频内容时，大多数用户是用目光浏览搜索结果的，而在扫描过程中，用户通常只会注意到自己感兴趣的内容，他们会将精力集中在对自己有用或者喜欢的内容上面。所以，在设置关键词时，运营者也可以将用户的感兴趣程度作为参考。

3．阅读习惯

人们的阅读载体从传统的纸张转向互联网，又从互联网延伸到移动互联网，尤其是随着手机 App 的应用和发展，移动端成为人们阅读的首选。

随着 5G 时代的到来，人们已经从以文章为载体的长内容阅读时代进入以视频为载体的短内容阅读时代。在无所事事的时候，相较于需要花费很长时间去阅读的内容，他们更愿意刷短视频。

因此，运营者可以尽可能地控制短视频的长度，并通过关键词的引导，让用户愿意看完你的短视频。而随着完播率及其他数据的提高，短视频在搜索界面中获得的排名也会相应地提高。

5.3.2 学习竞争对手的经验

孔子曰："知己知彼，百战不殆。"在设置关键词时，笔者建议运营者们深入了解竞争对手的抖音号，摸清竞争对手抖音号的关键词及布局情况，这样不仅能找到优化关键词的方法，还能掌握目前关键词的竞争热度。具体来说，了解竞争对手关键词设置技巧的方法如下。

（1）在抖音上搜索与自身定位相关的关键词，重点查看和摘录在搜索中排名靠前的关键词，然后作对比分析。

（2）到网站上搜索核心关键词，查看排在前列的抖音号，然后查看这些抖音号的关键词设置技巧。

5.3.3 借助明星效应引流

与明星相关的信息很容易吸引广大用户的关注，有的用户甚至会直接搜索明星的名字，并查看与明星相关的内容。因此，许多运营者开始借助明星效应来设置关键词，将明星的名字加入短视频标题和内容中。

对于明星效应，笔者有一些自己的看法，与其介绍现有的明星，还不如制造属于自己抖音号的明星。现在十分火的明星，很多完全是网友捧起来的。所以，运营者可以利用当地的热点，然后借机设置关键词进行炒作，引起网友热议，从而达到一鸣惊人的宣传效果。

例如，某女演员曾经因为某个发型惊艳了许多人，于是某位销售丝带的运营者便发布了一条编发教程短视频，并在短视频中添加了丝带的购买链接，这便是属于借助明星效应进行引流，具体如图 5-29 所示。

图 5-29　借助明星效应进行引流

5.3.4　插入自身心得体会

很多运营者会在短视频中插入一些自身心得体会的关键词来吸引用户，这主要是利用用户的同感来寻找彼此心灵上的契合点，通过大多数人都有的和共鸣的感受，吸引用户查看短视频内容。

例如，现在很多"90 后"比较关注娱乐新闻，他们在看电视剧、电影或节目时都会有自己的看法和心得。因此，运营者可以将自己观看电视剧、电影或节目的心得体会作为关键词插入短视频中，引起"90 后"用户的共鸣。

5.4　积极发挥关键词的作用

运营者要想利用关键词提高抖音号和短视频的排名，可以从 4 个方向进行关键词优化，发挥关键词的作用，下面笔者就进行具体介绍。

5.4.1　优化关键词的技巧

通过关键词的优化，提高抖音号和短视频搜索排名的方法有很多，但是真正能够明显提高排名的优化方法却很少。下面笔者介绍几种能够有效提升搜索排名的方法。

(1) 短视频标题中多次使用关键词。
(2) 自然而然地出现关键词，不能刻意为之。
(3) 在短视频标题的第一句出现关键词。
(4) 在短视频封面中加入关键词。
(5) 在短视频标题中带入话题，并把关键词加入话题中。
(6) 在短视频评论中加入关键词进行引导。
(7) 围绕短视频内容选择关键词，或根据关键词打造内容，让关键词与短视频保持密切联系。

5.4.2 预测关键词的方法

许多关键词的搜索热度会随着时间的变化呈现升降趋势，因此学会关键词的预测方法相当重要，下面笔者从两个方面分析介绍如何预测关键词。

1. 预测社会热点关键词

社会热点新闻是人们关注的重点，当社会新闻出现后，会出现一大拨新的关键词，其中搜索量高的关键词就叫热点关键词。

因此，运营者不仅要关注社会新闻，还要能够预测社会热点，预测出社会热点关键词。下面笔者介绍一些预测热点关键词的方向，给大家提供一些参考，如图5-30所示。

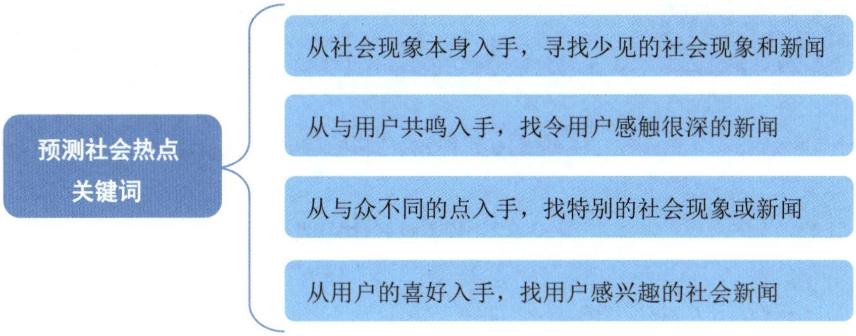

```
                    ┌─ 从社会现象本身入手，寻找少见的社会现象和新闻
                    │
   预测社会热点      ├─ 从与用户共鸣入手，找令用户感触很深的新闻
     关键词         │
                    ├─ 从与众不同的点入手，找特别的社会现象或新闻
                    │
                    └─ 从用户的喜好入手，找用户感兴趣的社会新闻
```

图 5-30 预测社会热点关键词

2. 预测季节性关键词

关键词的季节性波动比较稳定，主要体现在季节和节日两个方面，如服装产品的季节关键词包含四季名称，即春装、夏装等，如图5-31所示。

从零开始做抖音电商：引流涨粉＋直播带货＋橱窗小店＋广告盈利

图 5-31 季节性关键词

季节性关键词预测还是比较容易的，运营者除了可以从季节和节日名称上进行预测，还可以从以下几个方面进行预测，如图 5-32 所示。

```
                ┌─ 节日习俗，如摄影类可以围绕端午节、粽子等
                │
   预测季节性   ├─ 节日祝福，如春节期间可以说新年快乐等
    关键词      │
                ├─ 特定短语，如七夕送玫瑰、冬至吃饺子等
                │
                └─ 节日促销，如春节大促销和国庆节大减价等
```

图 5-32 预测季节性关键词

5.4.3 用热点增加曝光量

热门关键词与热点关键词不同，热门关键词本身就具有很大的搜索量，不需要预测。那么，热点关键词如何选择呢？运营者可以从以下几个方面预测热点关键词，并用热点关键词增加短视频的曝光量。

（1）社会的热点现象和新闻。

（2）即将播出的影视剧。

（3）近期的体育动态。

（4）当红或走红的明星。
（5）点击量大的文章。
（6）点赞量大的短视频。
（7）身边人都在关注的事情。
（8）抖音中的热点事件。

5.4.4 用话题增加搜索机会

用户在抖音中搜索内容时，与搜索词相关的话题也会显示出来。甚至有的用户在搜索内容时，会通过话题的选择来筛选内容。因此，运营者可以将话题作为短视频内容的关键词，增加短视频被用户搜索到的概率，如图 5-33 所示。

图 5-33　将话题作为短视频的关键词

第 6 章
直播入门：为带货做好全面的准备

学前提示

直播是抖音变现的一个重要板块，运营者要想在抖音中赚到钱，就需要把握好直播。

而要想把握好直播，入门直播，你得先进行全面的准备。具体来说，运营者需要了解抖音直播的基础知识、做好抖音直播的预热工作，以及警惕抖音直播的雷区。

6.1 抖音直播的基础知识

运营者要想做好抖音直播,就得先对抖音直播有一定的了解。本节笔者就来对抖音直播的一些基础知识进行讲解,让大家更好地为抖音直播带货做准备。

6.1.1 了解直播的主要入口

许多运营者可能只知道抖音可以开直播,却不知道抖音直播有几个入口。这一小节笔者就来对抖音直播的主要入口进行讲解,让大家更好地进行直播引流。

1. "关注"界面

在"关注"界面中,如果有抖音账号的头像下方出现"直播中"的字样,那么用户只需点击头像即可进入直播间,如图6-1所示。

图6-1 从"关注"界面进入直播间

因此,运营者如果想通过该入口获得更多直播流量,还得想办法让账号获得更多粉丝,从而让更多抖音用户通过"关注"界面进入你的直播间。

2. "推荐"界面

在"推荐"界面中,用户可以通过点击抖音号的头像和直播展示画面进入直播间。具体来说,如果"推荐"界面中正在播放短视频,并且界面中抖音号头像上方有"直播"这两个字,那么用户只需点击抖音号头像,便可直接进入直播间,如图6-2所示。

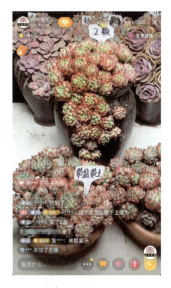

图 6-2　通过点击抖音号头像进入直播间

如果"推荐"界面中出现的是直播展示画面,那么用户只需点击直播展示画面(除界面中各按钮和图标之外的任意地方),便可直接进入直播间,如图 6-3 所示。

图 6-3　通过点击直播展示画面进入直播间

运营者要想通过"推荐"界面这个直播入口获得更多的直播流量,需要让短视频或直播内容成为抖音官方的推荐内容。而抖音官方在选择推荐内容时,又会将内容的热度作为主要参考元素。因此，运营者还得着重提高短视频和直播的质量，增强用户的参与积极性，让短视频和直播获得更高的热度。

3. "同城"界面

抖音推荐分为两种，一种是全平台的推荐，另一种是同城推荐。通常来说，"同城"界面中会为用户呈现同城的短视频和直播封面或画面，如果某个封面或画面的左上方出现了"直播中"这3个字，那么用户只需点击该封面或画面便可进入对应的直播间，如图6-4所示。

图6-4　从"同城"界面进入直播间

如果运营者要想通过"同城"界面获得更多的流量，那么在开播时一定要做好定位。只有这样，你的直播封面或画面才会出现在"同城"界面中。

4. 点击"直播"按钮

用户可以直接点击"推荐"界面中的"直播"按钮，随机查看直播。另外，用户进入某个直播间之后，还可以搜索和查看其他直播。

具体来说，用户在"推荐"界面中查看短视频时，可以点击界面左上方的"直播"按钮，如图6-5所示。操作完成后，便会进入某个直播间。如果用户要查看或搜索其他直播，可以点击直播间右上方的"更多直播"按钮，如图6-6所示。

操作完成后，会弹出一个提示框，展示各种抖音直播的封面。用户可以根据自己的需求选择直播的类型，如果想查看某个直播，可以点击该直播的封面图，如图6-7所示。操作完成后，即可进入对应的直播间，如图6-8所示。

另外，用户还可以点击 🔍 图标，进入直播搜索界面，通过关键词搜索，查看带有对应关键词的直播间。

如果运营者想借助该直播入口获得更多流量，可以重点做好两方面的工作：一是提高直播的热度，增加直播的曝光率；二是在直播标题中添加用户搜索频率较高的词汇，让直播被更多用户搜索到。

图6-5　点击"直播"按钮

图6-6　点击"更多直播"按钮

图6-7　点击直播封面

图6-8　进入对应的直播间

从零开始做抖音电商：引流涨粉＋直播带货＋橱窗小店＋广告盈利

6.1.2 开直播的具体步骤

抖音直播变现的基础是开通抖音直播功能。其实，抖音直播开通起来很简单，运营者只需进行实名认证即可。实名认证完成后，如果抖音平台发来系统通知，告知你已获得开抖音直播的资格，就说明抖音直播功能开通成功了，如图6-9所示。

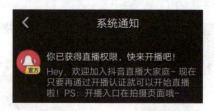

图6-9 获得开抖音直播的系统通知

对于运营者来说，抖音直播可谓是促进商品销售的一种重要方式。那么，究竟要如何开抖音直播呢？下面笔者就对开抖音直播的具体步骤进行说明。

步骤01 登录抖音短视频App，进入"快拍"界面，点击界面中的"开直播"按钮，如图6-10所示。

步骤02 操作完成后即可进入"开直播"界面，在界面中设置直播封面和标题等信息；点击"商品"按钮，如图6-11所示。

图6-10 点击"开直播"按钮

图6-11 直播设置界面

步骤03 进入"添加商品"界面，点击商品后方的"添加"按钮，将商品添加至直播间，如图6-12所示。

步骤04 进入"直播商品"界面，勾选需要在直播间进行销售的商品；点击

"添加"按钮，如图6-13所示。

图6-12 点击"添加"按钮　　　图6-13 点击"添加"按钮

步骤05 操作完成后，返回"直播设置"界面，此时"商品"所在的位置会显示添加的商品数量。确认商品添加无误后，点击"开始视频直播"按钮，如图6-14所示。

步骤06 操作完成后，进入直播倒计时。完成倒计时后，便可进入直播界面，如图6-15所示。

图6-14 点击"开始视频直播"按钮　　　图6-15 进入直播界面

6.1.3 查看直播排行情况

在抖音直播的过程中，运营者可以查看直播的排行情况，还可以通过与用户的互动，提升直播的排名，让更多用户看到你的直播。通常来说，运营者可以重点查看两方面的直播排行情况：一是直播"小时榜"；二是搜索界面的"直播榜"。

1. 查看直播"小时榜"

具体来说，运营者可以点击直播界面中的"小时榜"按钮，如图6-16所示。操作完成后，界面中会弹出一个提示框，运营者可以在该提示框中查看"全站"直播的排行榜，以及当前直播间在全站的排行情况，如图6-17所示。

图6-16　点击"小时榜"按钮　　图6-17　查看"全站"直播排行榜

除了"全站"排行榜之外，运营者还可以分别查看地区直播榜和直播"带货榜"。例如，某主播开直播的位置是在福建省境内，此时运营者便可以点击提示框中的"福建"按钮，查看福建省内的直播排行榜，以及当前直播间在福建省内的排行情况，如图6-18所示。

另外，运营者点击提示框中的"带货榜"按钮，则可以查看全站带货直播的排行情况，以及当前直播在全站带货类直播中的排行情况，如图6-19所示。

需要特别说明的是，上述3种"小时榜"的排名依据是不同的，其中全站和地区直播排行榜的主要排名依据是直播间获得的音浪量（即用户送出的礼物的价值），而带货直播排行榜的主要排名依据则是直播的热度。因此，如果运营者要想提高直播的排名，还得想办法让直播间获得更多音浪量和热度。

图 6-18 查看地区直播排行榜

图 6-19 查看直播"带货榜"

2. 查看搜索界面的"直播榜"

运营者可以点击"推荐"界面中的 🔍 图标，如图 6-20 所示。操作完成后，进入抖音搜索界面，点击界面中的"直播榜"按钮，即可查看抖音"直播榜"的排行情况，如图 6-21 所示。

图 6-20 点击 🔍 图标

图 6-21 查看抖音"直播榜"

可以看到，抖音"直播榜"的主要排行依据是直播间的人气，因此运营者要想提高自身直播在"直播榜"中的排名，还得提高直播间用户的参与积极性，让直播间获得更高的人气。

6.1.4 直播礼物与收入

部分主播的直播收入主要来自用户赠送的直播礼物，那么用户要如何赠送直播礼物？主播又要如何获得更多直播礼物呢？

赠送直播礼物的操作非常简单，用户可以点击直播间右下方的 图标，如图6-22所示。操作完成后，界面中会弹出一个提示框。用户只需点击对应礼物下方的"赠送"按钮，便可将该礼物赠送给主播，如图6-23所示。

图6-22 点击 图标

图6-23 点击"赠送"按钮

如果用户不知道如何赠送礼物，主播可以在直播过程中适当地进行讲解。当用户赠送礼物时，主播需要对用户表示感谢。这样，赠送礼物的用户在听到主播的感谢时，就会觉得自己赠送的礼物是值得的，并且其他在直播间的用户听到主播的感谢时，也会因为情绪带动，主动向主播赠送礼物。

另外，主播在直播过程中，也可以许下直播心愿，让用户看到你的直播目标，并引导用户赠送礼物，从而达成直播目标。具体来说，主播可以通过以下步骤许下直播心愿。

步骤 01 进入抖音直播界面，点击界面中的 图标，如图6-24所示。

步骤 02 操作完成后，界面中会弹出"互动玩法"提示框。点击提示框中的"心愿"按钮，如图6-25所示。

图6-24 点击🎮图标

图6-25 点击"心愿"按钮

步骤03 操作完成后，界面中会弹出"今日直播心愿"提示框。在提示框中，设置礼物心愿；点击"许下心愿"按钮，如图6-26所示。

步骤04 操作完成后，返回抖音直播界面。如果界面右上方出现了"礼物心愿"的相关内容，就说明主播已成功地许下了直播心愿，如图6-27所示。

图6-26 点击"许下心愿"按钮

图6-27 主播成功地许下直播心愿

获得直播礼物之后，运营者可以通过以下步骤进行提现，将直播礼物变成收入。

步骤01 在"我"界面中，点击图标；操作完成后会弹出一个提示框，点击提示框中的"钱包"按钮，如图6-28所示。

步骤02 操作完成后，进入"钱包"界面，点击"我的收入"下方的"去提现"按钮，如图6-29所示。

图6-28 点击"钱包"按钮　　图6-29 点击"去提现"按钮

步骤03 操作完成后，即可进入"直播收入"界面，将直播收入提现了。

6.1.5 专业直播间的打造

俗话说："工欲善其事，必先利其器。"主播要想打造专业的直播间，增加直播内容的观赏性，除了展示自身的才艺和特长外，还需要准备好各种设备，包括镜头的选择、灯光效果的调试、背景的设置以及网络环境的搭建等。本节笔者主要介绍直播间的设备准备以及环境的搭建，帮助主播新人打造一个完美的直播间。

1. 直播的摄像头选择

摄像头相当于人的眼睛，通过镜头来记录直播，就相当于人用眼睛在看直播。眼睛的状态如何，会影响物体的呈现效果，镜头也一样，不同的镜头类型和款式也会直接影响直播视频的呈现效果。

普通主播完全可以通过手机自带的摄像头进行直播，但是如果主播们想让直播画面的呈现效果更好，可以采用一部手机加一个外置镜头的搭配方式来补充手机镜头自身的局限性，满足自己对拍摄技术的要求。

不同类型的镜头，可以满足不同的直播效果。通过镜头的搭配可以使拍摄出来的画面像素变高，呈现更好的拍摄效果。因此，许多主播都会选择购买外置镜头进行直播。那么，该如何选择一款合适的摄像头呢？在选择摄像头时，我们主要考虑两个因素，具体内容如下。

1）摄像头的功能参数

参数越高，其所输出的视频分辨率就越高，呈现出的视频画质也就越清晰。

2）摄像头的价格

对于大多数普通人来说，购买任何东西都是有预算的，这时产品的性价比显得尤为重要，因为谁都想花较少的钱体验更好的产品。

2．直播间的灯光效果

了解摄像头之后，接下来笔者和大家分享打造一个漂亮的直播环境的技巧。说到直播环境就不得不提直播间灯光的效果设置，这是打造直播环境的重中之重，因为灯光的设置会直接影响主播的外观形象。

摄影是用光的艺术，直播也是如此。为什么有的主播看上去很明亮耀眼，而有的主播则暗淡无光呢？这主要是因为灯光产生了不同效果。直播间的灯光类型主要分为以下5种。

1）主光

主光灯须放在主播的正面位置，且与摄像头镜头光轴的夹角不能超过15°。这样做能让照射的光线充足而均匀，使主播的脸部看起来很柔和，从而起到磨皮美白的美颜效果。但是这种灯光设置也有不足之处，那就是没有阴影效果，会使画面看上去缺乏层次感。

2）辅助光

辅助光宜从主播的左右两侧与主光呈90°夹角摆放。当然，还有一种更好的设置方法，可以将辅助光放置在主播左前方45°或右后方45°进行照射。这样做可以使主播的面部轮廓产生阴影，并产生强烈的色彩反差，有利于打造主播外观的立体质感。需要注意的是，灯光对比度的调节要适度，防止面部过度曝光或部分地方太暗的情况发生。

3）轮廓光

轮廓光要放置在主播的后面，以便形成逆光的效果，这样做不仅能够让主播的轮廓分明，还可以突出主播的主体作用。在使用轮廓光的时候必须注意把握光线亮度的调节，因为光线太亮可能会导致主播主体部分过于黑暗，同时摄像头入光也会产生耀光的情况。

4）顶光

顶光是从主播头顶照射下来的主光线，其作用在于给背景和地面增加亮度，从而产生厚重的投影效果，这样有利于塑造轮廓的造型，起到瘦脸的功效。但要注意，顶光的位置离主播的位置尽量不要超过两米，而且这种灯光也有小缺点，那就是容易使眼睛和鼻子的下方形成阴影，影响美观。

5）背景光

背景光的作用是烘托主体，为主播的周围环境和背景进行照明，营造各种环境气氛和光线效果。但是在布置的过程中需要注意，由于背景光的灯光效果是均匀的，所以应该采取亮度低、数量多的方法进行布置。

以上 5 种灯光效果的设置在打造直播环境时必不可少，每种灯光都有各自的优势和不足，主播需要进行不同的灯光组合来取长补短。灯光效果的调试是一个比较漫长的过程，需要有耐心才能找到适合自己的灯光效果。

3. 直播间的声卡选购

直播实际上是一种视频和音频的输出，视频的输出靠的是高清的摄像头，而音频的输出靠的是声卡和麦克风，这 3 样东西是直播设备的核心硬件。所以，直播时不光要选择一个好的摄像头，还要选择一款好的声卡。声卡主要分为内置声卡和外置声卡两种类型，下面笔者将对这两种声卡类型分别进行介绍。

1）内置声卡

内置声卡，顾名思义，就是集成在台式电脑或笔记本主板上的声卡，现在我们新买的电脑都会预装内置声卡，只需要安装对应的声卡驱动就能使其正常运行。

2）外置声卡

外置声卡需要通过 USB 接口和数据线连接在笔记本或台式电脑上，然后安装单独的驱动（有些外置声卡插入即可使用），最后将内置声卡禁用，选择新安装的外置声卡为默认播放设备即可。

内置声卡和外置声卡的区别还是比较大的，接下来笔者将从 3 个方面讲述它们之间的区别，如图 6-30 所示。

和摄像头的选择一样，声卡的选购同样也要考虑其性价比。当然，如果预算充足，主播可以选择适合自己的声卡款式，以便获得更好的直播音效。

4. 直播麦克风的选择

介绍完声卡，我们再来看看直播间麦克风的选择。麦克风俗称"话筒"，主要分为电动麦克风和电容麦克风两种,而电动麦克风又以动圈麦克风为主。当然,还有一种特殊的麦克风,就是我们在电视上或者活动会议上常见的耳麦,耳麦是耳机与麦克风的结合体。

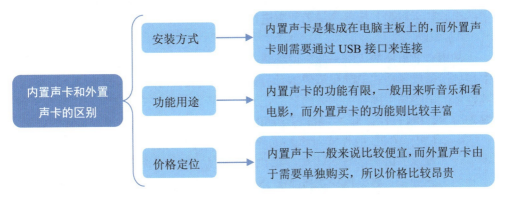

图 6-30　内置声卡和外置声卡的区别

下面笔者就来带大家分别了解动圈麦克风和电容麦克风各自的特点,如图 6-31 所示。

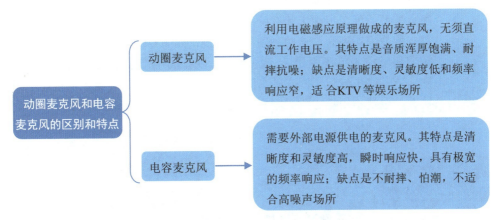

图 6-31　动圈麦克风和电容麦克风的区别和特点

绝大多数主播的麦克风用的都是电容麦克风。电容麦克风的质量和体验决定了主播直播间音质的好坏,从而影响直播的整体效果,所以选择一款高品质的电容麦克风对主播来说非常重要。

主播在选择电容麦克风时,可以从一些专注于研发话筒、耳机的知名品牌生产的产品中挑选。当然,大家也可以自行选择自己喜欢的电容麦克风。

5．电脑和手机的选购

现如今的抖音直播可谓是红红火火，非常吃香，很多人都想借此来捞金。抖音直播的载体有两种，一种是电脑，另一种是手机。那么，如何选购适合进行直播的电脑和手机呢？接下来笔者就来进行分析。

1）电脑

从事专业直播的人群一般来说都具有一定的才艺技能和经济能力，他们采用的直播设备就是台式电脑和笔记本，而直播对于这类设备的配置要求是比较高的，高性能的电脑与主播直播的体验是成正比的。所以，接下来笔者就从电脑配件的各部分参数进行分析，给主播推荐合适的电脑设备，以帮助大家提升直播的效果。

- CPU。CPU 的性能对电脑的程序处理速度来说至关重要。CPU 的性能越高，电脑的运行速度就越快，所以在 CPU 的选择上千万不能马虎或将就。一般来说，选择酷睿 I5 或 I7 的处理器比较好。
- 运行内存条。内存条的选择和 CPU 一样，要尽量选择容量大的。因为运行内存条的容量越大，电脑文件的运行速度也就越快。对于直播的需求来说，电脑内存容量的选择不能低于 8GB，如果预算充足，选择 8GB 以上的内存条更佳。
- 硬盘类型。现在市面上流行的硬盘类型一共有两种，一种是机械硬盘，另一种是固态硬盘。这两种硬盘的比较，如图 6-32 所示。

随着科学技术的不断进步，现在固态硬盘的生产技术也越来越先进成熟，所以这也导致了固态硬盘的销售价格不断降低，容量单位也在不断扩大，也就不用担心购置固态硬盘的费用问题了。

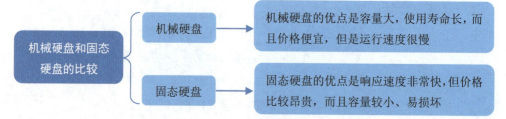

图 6-32 机械硬盘和固态硬盘的比较

- 显卡。体现电脑性能的又一个关键配件就是显卡，显卡配置参数的高低会影响电脑的图形处理能力，特别是在运行大型游戏以及专业的视频处理软件的时候，显卡的性能就显得尤为重要了。电脑显卡对直播时的效果也有一定的影响，所以应尽量选择高性能的显卡型号。

2）手机

随着移动通信技术的不断进步，5G 时代的到来，手机的网速也越来越快，这一点笔者深有体会。4G 网络普及后手机的网速已经能够流畅地观看视频，这就为手机直播的发展提供了必要的前提条件。

与电脑直播相比，手机直播的方式更加简单和方便，主播只需一部手机，然后安装一款直播平台的 App，再配上一副耳机即可进行直播。当然，如果觉得手持手机直播有点累，也可以为手机加个支架进行固定。

手机直播适用于那些把直播当作一种生活娱乐方式的人或者刚入直播行业的新人，因为手机的功能毕竟没有电脑强大，有些专业的直播操作和功能在手机上是无法实现的。所以，直播对手机配置的要求没有电脑那么高，虽然如此，但对手机设备的选购也需要经过一番仔细斟酌。

选购手机和电脑一样，也要稍微注意一下手机的配置参数，然后在预算范围内选择一款自己喜欢的手机款式即可。这里笔者就不具体推荐机型了，因为如今的手机行业技术和功能更新越来越快，而且市场也接近饱和，"手机饭圈化"现象十分严重，同一个手机品牌，同等价位的机型，其参数配置以及功能几乎一样，只不过是换了个外观和名字而已。

以上就是关于电脑和手机的介绍以及选购推荐，其实不管是用什么设备进行直播，只要能为用户创作出优质且有趣的直播内容，就能成为一名优秀的主播。

6. 直播间的其他设备

除了前面所讲的摄像头、灯光、声卡和电容麦克风这些主要的直播设备之外，还需要考虑直播的其他设备，比如网络宽带的要求、手机或电容麦克风的支架和监听耳机等。下面笔者就来介绍这些设备的选择以及要求。

1）网络宽带

直播主要是通过互联网与用户建立沟通与联系，所以没有网络是万万不行的，特别是对于专业做直播的主播来讲，必须在直播的地方安装一个网速足够的宽带，而且直播对于流量的消耗是非常巨大的，即便是业余直播，也要在有 Wi-Fi 的环境下进行，不然光用流量的话，直播的成本是难以维持的。

目前市面上的通信运营商主要有 3 家，分别是中国移动、中国联通和中国电信，大家根据自己的实际情况选择即可。至于宽带网速和套餐的选择，笔者建议至少选择 50 兆以上的宽带套餐。

直播间的网络状况决定了直播是否能够顺利地进行，如果宽带网速不给力，就会造成直播画面的延迟和卡顿，不仅会严重影响主播的直播进程，而且会大大降低用户的观看体验感，导致用户中途离去，造成直播间人气的波动。

2）支架

在直播的时候，不管是电脑直播还是手机直播，主播都不可能长时间用手拿着电容麦克风或手机。所以，这时候就需要用支架进行固定，使主播更加轻松愉快地进行直播，非常实用和方便。

在选择支架时，大家在电商平台中搜索"直播支架"，然后从搜索结果中进行选择即可。

3）监听耳机

在直播中，主播为了随时关注自己直播的效果，就需要用到监听耳机，以便对直播的内容进行优化和调整。监听耳机是指没有加过音色渲染的耳机，可以听到最接近真实的、未加任何修饰的音质，被广泛地应用于各种领域，如录音棚、配音室、电视台，以及 MIDI 工作室等。

监听耳机主要具备两个特点：一是频率响应足够宽、速度快，能保证监听的频带范围内信号失真尽量小，具有还原监听对象声音特点的能力；二是坚固耐用，容易维修和保养。

那么监听耳机和我们平时用的普通耳机有什么不同呢？笔者总结了以下几点区别，如图 6-33 所示。

监听耳机和普通耳机的区别

- 因为监听耳机没有加过音色渲染，所以对声音的还原度要高，保真性要好；而普通耳机一般是加过音色渲染和美化的，所以声音听起来会更动听

- 监听耳机能有效地隔离外部杂音，能听到清晰准确的声音，隔音效果非常好；而普通耳机的封闭性一般，经常会出现漏音和外界杂音渗入的情况

- 监听耳机主要用于现场返送、缩混监听、广播监听、扩声监听以提高声音的辨识度；普通耳机一般用于听音乐、看电影、玩游戏等娱乐方面

- 监听耳机为了保证声音的保真性，制作材质普遍较硬，所以佩戴舒适度一般；普通耳机的质量较轻，设计也符合人体结构，所以佩戴起来比较舒适

图 6-33 监听耳机和普通耳机的区别

关于监听耳机的选购，大家可以参照前面笔者说过的直播支架的购买方法，去电商平台搜索相应的关键词，选择自己喜欢或者适合的产品。

7．直播间的装修布置

购买到一整套直播必备的设备之后，接下来就到了最重要的环节了——设计一个符合自己直播风格的直播间，漂亮美观的直播间能提升用户观看直播的体验感，为主播吸引更多流量。

那么，该如何打造较完美的直播间呢？接下来笔者将从直播间的空间大小、背景设置、物品陈设3个方面详细分析直播间的装修布置。

1）空间大小

直播间的空间大小宜在20~40平方米之间，不能过大也不能太小，空间太小不利于物品的摆放和主播的行动，太大会造成空间资源的浪费。所以，主播在选择直播场地时，应该根据自己的实际情况来分配空间大小。

2）背景设置

直播间背景的设计原则是尽可能简洁大方、干净整洁，因为不仅主播的外形是用户对直播的第一印象，直播间的背景同样也能给用户留下深刻印象。所以，直播间的背景墙纸或背景布的设计风格可以根据主播的人设、直播的主题和直播的类型来选择。

例如，如果主播是一位元气满满的美少女，就可以选择将可爱风格的Hello Kitty主题墙纸作为直播间的背景；如果直播是以庆祝生日或节日为主题，那么就可以选择将明亮鲜艳的墙纸作为直播间的背景；如果直播是专门销售某品牌的产品，可以将贴上了品牌Logo的墙面作为背景。

3）物品陈设

和直播间的背景设置相同，直播间物品的摆放也是有讲究的，房间的布置同样要干净整洁，物品的摆放和分类要整齐有序，这样做不仅能够在直播的时候做到有条不紊，而且能给用户留下一个好印象。

杂乱的房间布置会影响直播的观感，所以每一位新人主播尤其要做好物品的摆放和直播间的布置。直播间的物品种类陈设可以根据直播的类型来设置和确定，如果是美妆类的直播，那可以放口红、散粉、眼线笔和面膜等；如果是服装类的直播，可以放衣服、裤子和鞋等；如果是美食类直播，就可以放各种零食。

直播间物品的陈设符合直播的风格或者类型，才能提升主播的专业度和直播间的档次，才会吸引更多用户观看直播，才能获得预期的效果。

4）室内地面

如果主播们想要让直播间更精致一点，可以选择在直播间的地板上铺设吸音地毯，这样做既能细节加分，又可以大幅度降低直播时的噪声。另外，选择地毯时可以尽量选择浅色系的，因为浅色系的地毯可以搭配更多的产品，而且打理起来也更方便一些。

6.1.6 常见直播问题的解决

部分主播在直播过程中可能会遇到直播没声音、黑屏和卡屏等问题，要怎么解决呢？我们可以通过以下操作解决。

步骤 01 登录抖音短视频 App，进入"我"界面。点击界面上方的 图标；在弹出的提示框中，点击"设置"按钮，如图 6-34 所示。

步骤 02 操作完成后，进入"设置"界面，点击界面中的"反馈与帮助"按钮，如图 6-35 所示。

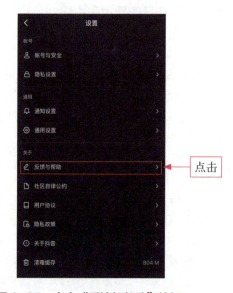

图 6-34 点击"设置"按钮　　图 6-35 点击"反馈与帮助"按钮

步骤 03 操作完成后，进入"反馈与帮助"界面，点击界面中的"更多"按钮，如图 6-36 所示。

步骤 04 进入"问题分类"界面，选择界面中的"直播相关"选项，如图 6-37 所示。

步骤 05 进入"直播相关"界面，选择界面中的"主播开直播"选项，如图 6-38 所示。

步骤 06 进入"主播开直播"界面，选择"春节问题"选项，如图 6-39 所示。

图6-36 点击"更多"按钮

图6-37 选择"直播相关"选项

图6-38 选择"主播开直播"选项

图6-39 选择"春节问题"选项

步骤 07 进入"春节问题"界面,运营者和主播只需选择对应问题的选项,便可以了解问题的解决方法。例如,运营者可以选择"为什么直播时没有声音?"选项,如图6-40所示。操作完成后,即可进入"问题详情"界面,查看抖音官方给出的解决方案,如图6-41所示。

图 6-40 选择"为什么直播时没有声音?"选项

图 6-41 查看问题的解决方案

6.2 做好直播的预热工作

在正式开启抖音直播之前,运营者可以通过一些预热工作为直播进行造势,吸引更多用户及时查看你的直播。例如,运营者可以通过发布直播预告,让用户了解直播的相关信息,吸引用户。又如,运营者可以预告直播时间,让用户知道何时进行直播。

6.2.1 发布直播预告

在正式进行直播之前,运营者可以先通过短视频进行直播预告,让用户了解直播的时间和主要内容,如图 6-42 所示。

图 6-42 通过短视频进行直播预告

这样，用户在看到短视频之后，便会马上明白你要进行直播了，而且如果用户对直播内容感兴趣，还会及时查看你的直播。

6.2.2 预告直播时间

如果运营者确定了直播的时间，可以通过预告直播时间的设置，将具体的开播时间告知用户，让用户能够第一时间观看你的直播。具体来说，运营者可以通过以下步骤，对预告直播时间进行设置。

步骤 01 登录抖音短视频 App，进入"开直播"界面。点击界面中的"设置"按钮，如图 6-43 所示。

步骤 02 操作完成后，会弹出"设置"提示框。点击提示框中"预告直播时间"后方的"添加"按钮，如图 6-44 所示。

图 6-43 点击"设置"按钮　　图 6-44 点击"添加"按钮

步骤 03 进入"预告直播时间"界面，在界面中设置直播的具体时间，设置完成后，点击"保存"按钮，如图 6-45 所示。

步骤 04 操作完成后，进入"我"界面，如果账号简介中出现了直播时间的相关信息，就说明预告直播时间设置成功了，如图 6-46 所示。

图6-45 点击"保存"按钮

图6-46 预告直播时间设置成功

6.3 警惕抖音直播的雷区

随着直播行业的不断深入发展，直播的内容也越来越广泛。但在进行直播时，不免会走入一些误区，误区并不可怕，可怕的是不知道误区在哪里。本节将带领大家一起了解直播界存在的误区，帮助大家积极采取措施来避免踏入误区或者陷入风险。

6.3.1 盲目从众

大部分新手主播，看到很多知名的主播一晚上就能赚上万元，就盲目从众，想转入主播行业。殊不知，抖音直播中没有赚到钱的小主播数不胜数。这些小主播之所以赚不到钱，主要有以下两个原因。

1）流量有限，竞争激烈

由于现在的抖音直播很多，直播带货的也很多，其中很多都是相似的主题和产品，用户大多倾向一些有知名度的主播，平台的很多流量也都给了大主播。因此，剩下的小主播初期很难吸引粉丝驻足，想要在抖音平台获得更大的曝光并不容易。

从用户的角度来看，由于网络上可供选择观看的直播类型太多，用户的实际购买力又比较低，甚至不能产生购买行为，所以，直播行业远没有我们想象的那么乐观。如果盲目从众进入直播行业当主播，结果可能并不如预期。

2）没有名气，机会越来越少

很多从业多年的主播都表示，主播只是外表光鲜亮丽，并没有那么容易就赚到钱，现实生活中，顶流就几个，剩下的全部都是没有名气的小主播。等到年纪大一点以后，这些小主播机会就越来越少了。

主播和明星一样是属于吃青春饭的一类人，后浪推前浪，每年都会有一批新主播进入直播行业，不断地吸引着用户的目光。相对地老主播的流量会被新主播抢走，逐渐过气。对于没有明确直播方向的人，盲目从众并不可取，一定要三思而后行。很多小公司招聘主播，门槛极低，不要学历和能力，有的甚至不要口才和外貌，就以高薪吸引年轻人加入。

有一些年纪非常小的主播，拉票 PK，输了的就要接受惩罚，而很多用户都不会为这些主播买单。其原因是，这些主播没有才艺，也没有和用户沟通聊天，制造与用户相关的话题，自然就不会得到用户的支持。

主播收入一是靠打赏，二是靠卖货，无论是哪一种都需要主播具备人气，有粉丝才会有流量，有流量就能接广告和开网店。如果主播直播了很长一段时间，仍然没有树立起吸粉的人设，或者不能保持自身的人格魅力等，那么要想获得高收入是非常困难的。

6.3.2 内容雷同

互联网上的内容平台虽然很多，但其运营模式和内容形式千篇一律，同质化现象十分严重，容易让用户产生审美疲劳。同质化竞争的表现主要体现在内容层次方面，典型特点是同一类型的直播内容重复，而且内容替代性强。也许你今天红了，明天就很快被别人复制并取代了。

因此，在直播时，不能一味地模仿和抄袭别人的内容，必须学会发散思维，摆脱老套噱头模式。我们可以从生活、学习和工作中寻找资料，这样才能制作出有持续吸引力的内容。

6.3.3 非法侵扰

在直播内容方面，存在侵犯他人肖像权和隐私权的问题。比如，一些网络直播将商场、人群作为直播背景，全然不顾他人是否愿意上镜，这种行为极有可能侵犯他人的肖像权和隐私权。

主播需要明白的是，当公民处在公共领域中时，并不意味着他们自动放弃了隐私权。公民可以拒绝他人采访，也有权决定是否出现在抖音直播中，因为公民在公共领域中有权行使隐私权。因此，直播的这种非法侵权行为是非常不可取的。

例如，某家餐厅为了做宣传，在店里安装了摄像头，在很多食客不知情的情况下，直接直播食客的吃相，用于宣传店铺。这种在当事人不知情的情况下拍摄和曝光他人的行为，便侵犯了他人的隐私权。

6.3.4 偷税漏税

很多主播是因为看中了抖音直播的高收入，才做抖音直播的。人气火爆的主播月薪上万元不是什么难事，头部主播一年的收入甚至达到千万元。

这样可观的收入就涉及缴税的问题，有的主播将打赏兑换成虚拟货币，再通过支付宝提现，从而避免缴税。某平台就曾因为没有代主播扣取个人所得税，而直接被罚款6000万元。可以说，主播逃税，无论是对自身，还是对整个直播行业，都会造成极其恶劣的影响。

第 7 章
主播培养：将新人培养成带货达人

学前提示

谁都不是一生下来就是主播。成功的主播也是需要通过不断地积累经验而成的。

但是，一些新人可能并没有太多时间慢慢积累直播经验，那么这些新人如何才能快速变身抖音直播带货达人呢？这一章笔者就来给大家支几个招。

7.1 培养主播的各项素养

主播要想获得成功，必须着重从3个方面培养，即专业能力、语言能力和心理素质。本节笔者就来分别讲解这3个方面的培养方法。

7.1.1 专业能力

要想成为一名具有超高人气的主播，就要具备专业能力。在竞争日益激烈的直播行业，主播只有培育好自身的专业能力，才能在抖音直播这片肥沃的土壤上扎根。

1. 个人才艺

主播应该具备各种各样的才艺，让观众为之倾倒。才艺的范围十分广泛，包括唱歌、跳舞、乐器表演、书法绘画和游戏竞技等。只要你的才艺能让观众觉得耳目一新，引起他们的兴趣，让他们为你的才艺一掷千金，那么你的才艺就是成功的。

在抖音直播平台上，有不计其数的主播，其中大多数主播都拥有自己独有的才艺。谁的才艺好，谁的人气自然就高。如图7-1所示，为主播在表演吉他弹奏才艺。

图7-1 主播表演吉他弹奏才艺

无论是什么才艺，只要是积极且充满正能量的，能够展示自己的个性，就会助主播一臂之力。

2. 言之有物

一个主播想要得到观众的认可和追随,那么他一定要有清晰且明确的三观,这样说出来的话才会让观众信服。如果主播的观点既没有内涵,也没有深度,是不会获得观众长久的支持的。

那么,应该如何做到言之有物呢?首先,主播应树立正确的价值观,始终保持自己的本心,不空谈。其次,还要掌握相应的语言技巧。主播在直播时,必须具备的语言要素包括亲切的问候语、通俗易懂和流行时尚。最后,主播要有自己独特的观点。只有将这三者相结合,主播才能达到言之有物的境界,从而获得专业能力的提升。

3. 精专一行

俗话说:"三百六十行,行行出状元。"主播要想成为直播界的状元,就要拥有一门擅长的技能。一个主播的主打特色就是由他的特长支撑起来的。

比如,有的主播乐器弹奏水平很高,于是他专门展示自己的弹奏技能;有的主播手工做得好,于是他直接在直播中展示某个手工制品的制作过程;有的主播天生有一副好嗓子,于是他在直播中分享自己的歌声。如图7-2所示,为一位主播在直播间展示手工制品的制作过程。

图7-2 主播在直播间展示手工制品的制作过程

主播只要精通一门专业技能,行为谈吐接地气,那么月收入上万元也就不是什么难事儿了。当然,主播还要在直播之前做足功课,准备充分,才能将直播有条不紊地进行下去,收到良好的直播效果。

4．聚焦痛点

在主播培养专业能力的道路上，有一点极其重要，即聚焦观众的痛点。主播要学会在直播过程中寻找观众最关心和感兴趣的问题，从而更有针对性地为观众带来有价值的内容。

挖掘观众的痛点是一个长期的工作，但主播在寻找的过程中，必须注意以下3点。

（1）对自身能力和特点有充分了解，认识到自己的优缺点。

（2）对其他主播的能力和特点有所了解，从而学习别人的长处。

（3）对观众心理有充分的解读，然后创作对应的内容来满足观众的需求。

主播在创作内容的时候，要抓住观众的痛点，以这些痛点为标题，吸引观众的关注，并在直播中弥补观众在社会生活中的各种心理落差。观众的痛点主要包括安全感、价值感、自我满足感、亲情爱情、支配感、归属感和不朽感等。

7.1.2 语言能力

一个优秀的主播没有良好的语言组织能力就如同一名优秀的击剑运动员没有剑，是万万行不通的。要想拥有过人的语言能力，让观众舍不得错过直播的每一分每一秒，就必须从多个方面来培养。本小节将告诉大家如何用语言赢得观众的追随和支持。

1．亲切沟通

在直播过程中，与观众的互动是不可或缺的，聊天也不可口无遮拦，主播要学会三思而后言。切记不要太过鲁莽、心直口快，以免对观众造成伤害或者引起观众的不悦。

此外，主播还应避免说一些不利于观众形象的话语，在直播中要学会与观众保持一定的距离，但又要让观众觉得你平易近人、接地气。那么，主播应该从哪些方面进行思考呢？笔者就要思考的几点作了总结，具体如下。

（1）该说与不该说的话。

（2）事先做好哪些准备？

（3）如何与观众亲切沟通？

2．选择时机

良好的语言能力需要主播挑选说话的时机。每一个主播在表达自己的见解之前，都必须把握好观众的心理状态。

比如，对方是否愿意接受这个信息？或者对方是否准备听你讲这件事情？如果主播丝毫不顾及观众心里怎么想，不会把握说话的时机，那么只会事倍功半，甚至做无用功。但只要选择好了时机，让观众接受你的意见还是很容易的。

打个比方，如果一个主播在向观众推销自己的产品时，承诺给观众一定的折扣，那么观众在这个时候应该会对产品更感兴趣。总之，把握好时机是主播重要的语言能力之一。只有选对时机，才能让观众接受你的意见，对你讲的内容感兴趣。

3．懂得倾听

懂得倾听是一个美好的品质，同时也是主播必须具备的素质。和观众聊天谈心，除了会说，还要懂得用心聆听。

例如，一名主播的观众评论说他近期的直播有些无聊，没什么有趣的内容，都不知道在说些什么。于是，该主播认真倾听了观众的意见，精心策划了搞笑视频直播，赢得了几十万点击量，获得了无数观众的好评。

虽然直播表面上看是主播占主导，但实际上却是观众占据主导地位。观众愿意看直播的原因就在于能与自己感兴趣的人进行互动，主播要了解观众关心什么、想要讨论什么话题，就一定要认真倾听观众的心声和反馈。

4．谦和友好

主播和观众交流沟通，要谦和一些、友好一些。聊天不是辩论赛，没必要分出你高我低，更没有必要因为某句话或某个字眼而争论不休。

如果一个主播想借纠正观众的错误，或者发现观众话语中的漏洞这种低端的行为，来证明自己多么学识渊博、能言善辩，那么这个主播无疑是失败的。因为他忽略了重要的一点，那就是直播是主播与观众聊天谈心的地方，不是辩论赛场，也不是相互攻击之处。笔者总结了3点与观众沟通的诀窍，具体如下。

（1）理性思考问题。

（2）灵活面对窘境。

（3）巧妙指点错误。

语言能力优秀与否，与主播的个人素质是分不开的。因此，在直播中，主播不仅要着力于提升自身的语言能力，同时也要全方面认识自身的缺点与不足，从而更好地为观众提供服务，成长为高人气的专业主播。

5．理性对待

在直播中，主播可能会遇到个别负能量爆棚又喜欢怨天尤人的观众，甚至有的观众还会强词夺理说自己的权利遭到了侵犯。面对这种情况，有的脾气暴躁的主播说不定就会按捺不住心中的不满与怒火，将矛头指向个体，并给予其不恰当的人身攻击。这种行为是相当愚蠢的。

从零开始做抖音电商：引流涨粉＋直播带货＋橱窗小店＋广告盈利

作为一名心思细腻的主播，应该懂得理性地对待观众的消极行为和言论。那么，要如何理性地对待观众的消极行为和言论呢？笔者认为主播可以重点做好以下3点。

（1）善意地提醒。

（2）明确不对之处。

（3）对事不对人。

一名成功的主播，一定有他的过人之处。对观众的宽容大度和正确引导，是培养主播语言能力过程中要把握的重点。当然，正确的价值观也会为主播的语言内容增添不少光彩。

7.1.3 心理素质

直播和传统的节目录制不同，录制的节目要达到让观众满意的效果，可以通过后期剪辑来表现笑点和重点。因此，一个主播要具备良好的现场应变能力和扎实的专业知识。

一个能够吸引众多观众的主播和直播，仅仅靠颜值、才艺和口才是不够的。直播是一场无法重来的真人秀，就和生活一样，没有彩排。在直播过程中，万一发生了什么意外，一定要具备良好的心理素质让主播能够应对各种情况。

1. 信号中断

信号中断，通常在借助手机做户外直播时发生。信号不稳定是十分常见的事情，有时候主播甚至还会面临长时间没有信号的情况。如果在直播过程中，主播只看到评论区的变化，而直播画面却一直显示"加载中"，就说明主播的信号不太稳定，或者主播的信号已经中断了。

面对这样的情况，主播应该放平心态，先试试变换下地点是否会连接到信号，如果不行，就耐心等待。因为也许有的忠实观众会一直等候直播开播。所有主播要做好向观众道歉的准备，再利用一些鲜活的内容活跃气氛，再次吸引观众的关注。

2. 突发事件

各种各样的突发事件在直播现场是不可避免的。当发生意外情况时，主播一定要稳住，让自己冷静下来，打好圆场，给自己找台阶下。

比如，某歌唱节目总决赛直播时，某位歌手突然宣布退赛。此消息一出，现场的所有人和守在电视机前的观众都大吃一惊。而该节目的主持人则不慌不忙地对此事做了十分冷静的处理，他请求观众给他5分钟时间，将自己对这个突发事件的看法进行客观、公正的评价。这种冷静处理让相关工作人员有了充分的时间来应对此事件。而该事件过后，该主持人的救场能力也获得了无数观众的敬佩和赞赏。

节目主持人和主播有很多相似之处，主播在一定程度上也是主持人。在直播过程中，主播要学会把节目流程控制在自己手中，特别是面对各种突发事件时，要冷静。

7.2 积极做好互动交流

一名优秀的主播要学会随机应变。在这种互动性很强的社交方式中，各种各样的观众可能会向主播提问，这些思维活跃跳脱的观众多不胜数，提出的问题也是千奇百怪。

有的主播回答不出观众的问题，就会插科打诨地蒙混过关。这种情况一次两次观众还能接受，次数多了，观众就会怀疑主播是不是不重视或者主播到底有没有专业能力。因此，学会如何应对提问是主播成长的重中之重。

7.2.1 根据主题准备直播

主播在进行直播之前，特别是与专业技能相关的直播，一定要准备充分，对自己要直播的内容做足功课。就好像老师上课之前要写教案备课一样，主播也要对自己的直播内容了如指掌，并尽可能地把资料准备足，以应对直播过程中发生的突发状况。

比如，做一场旅行直播，主播可以不需要导游一样的专业能力，对任何问题都回答得头头是道，但也要在直播之前把旅游地点及其相关知识掌握好，这样才不至于在直播过程中一问三不知，也不用担心因为回答不出观众的问题而失去人气。

主播每次直播前，都会对要直播的内容做充分的准备，如风景名胜的相关历史，人文习俗的来源、发展，当地的特色小吃等。因为做了相关准备，所以在直播过程中就能有条不紊，对遇到的事物都能侃侃而谈，对当地的食物、风土人情更是介绍得特别详细。

7.2.2 正确回答热点问题

应对提问还会遇到另一种情况，回答热点评议的相关问题。不管是观众还是主播，都对热点问题有一种特别的关注。很多主播会借着热点事件，来吸引观众观看。这时候，观众往往想知道主播对这些热点问题的看法。

有些主播为了吸引眼球，故意作出违反三观的回答。这种行为是极其错误且不可取的，虽然主播的名气会因此在短时间内迅速上升，但其带来的影响是负面的、不健康的，观众会马上流失。更糟糕的是，想要吸引新的观众加入就十分困难了。那么，主播应该如何正确评价热点事件呢？笔者将方法总结为3点，具体如下。

（1）客观中立。

（2）不违反三观。

（3）不偏袒任何一方。

主播切记不能因为想要快速吸粉就随意评价热点事件，因为主播的影响力远比普通人大，言论稍有偏颇，就会出现引导舆论的情况。如果主播的言论与事实不符，就会对主播产生很大的负面影响，这种做法是得不偿失的。

客观公正的评价虽然不会马上受到观众的大量关注，但只要长期坚持下去，形成自己独有的风格，就能凭借正能量的形象吸引更多观众。

7.2.3　幽默作答活跃气氛

在这个人人"看脸"的时代，颜值虽然已经成为直播界的一大风向标，但想要成为直播界的大咖级人物，光靠脸和身材是远远不够的。

有人说，语言的最高境界就是幽默。拥有幽默口才的人会让人很风趣，还能折射出一个人的内涵和修养。所以，一个专业主播的养成，必然少不了幽默技巧。

1．收集素材

善于利用幽默技巧，是一个专业主播的成长必修课。生活离不开幽默，就好像鱼儿离不开水，呼吸离不开空气。学习幽默技巧先要收集幽默素材。

主播要凭借收集来的幽默素材，全力培养自己的幽默感，学会把故事讲得生动有趣，让观众忍俊不禁。观众是喜欢听故事的，而故事中穿插幽默则会让观众更加全神贯注，将身心都投入主播的讲述之中。

例如，生活中很多幽默故事就是由喜剧的片段和情节改编而来。幽默也是一种艺术，艺术来源于生活而高于生活，幽默也是如此。

2．抓住矛盾

当一名主播已经有了一定的阅历，对自己的观众也比较熟悉，知道对方喜欢什么或者讨厌什么，那么就可以适当地攻击他讨厌的事物来达到幽默的效果。

比方说，他讨厌公司的食堂，认为那里的饭菜实在难以下咽，那么你就可以这样说："那天我买了个包子，吃完之后从嘴里拽出了一根皮筋。"抓住事物的主要矛盾，这样才能摩擦出不一样的火花。那么，主播在抓住矛盾、培养幽默技巧的时候，应该遵守哪些原则呢？笔者总结为6点，即积极乐观、与人为善、平等待人、宽容大度、委婉含蓄和把握分寸。

总之，主播在提升自身的幽默技巧时不能忘了应该遵守的相关原则，这样才能更好地引导观众，给观众带来高质量的直播。

3. 幽默段子

"段子"本身是相声表演中的一个艺术术语。随着时代的变化，它的含义不断拓展，也出现了"红段子""冷段子"和"黑段子"等说法。近几年频繁活跃在互联网的各大社交平台上。

幽默段子作为最受人们欢迎的幽默方式之一，在微博、综艺节目和朋友圈里的幽默段子比比皆是，也赢得了众多观众的追捧。

幽默段子是吸引观众注意的绝好方法。主播想要培养幽默技巧，就需要努力学习段子，用段子来征服观众。

4. 自我嘲讽

讽刺是幽默的一种形式，相声就是一种讽刺与幽默相结合的艺术。讽刺和幽默是分不开的，要想学到幽默技巧，就得学会巧妙地讽刺。

主播可以适当地在直播中进行自嘲，这样既能逗观众开心，又不会伤了和气。因为观众不是亲密的朋友，如果对其进行讽刺或吐槽，很容易引起他们的反感和愤怒。很多著名的主持人为了达到节目效果，经常进行自嘲，逗观众开心。例如，某央视主持人在主持节目时，为了丢掉过去自己在观众心目中的刻板形象，让自己更接地气，便说自己是老黄瓜、皮肤黑和身材发福等，惹得观众笑声不断。

现在很多直播中，主播也会通过这种自我嘲讽的方式将自己"平民化"，逗观众开心。自嘲这种方法只要运用得恰当，达到的效果还是相当不错的。当然，主播也要把心态放正，要将自嘲看成是一种娱乐方式，不要太较真。

7.2.4 直播控场避免冷场

主播要想掌控全场、避免冷场，不仅需要随时把握好直播的节奏，还需要激发观众的表达欲，改善与观众的关系。

1. 把握直播节奏

因为一场直播的时间通常比较长，很难让直播间一直处于"高潮"状态，但是，如果直播一直冷场，又会留不住观众。所以，在直播过程中，主播要把握好直播的节奏，让直播松弛有度。只有这样，才能增加观众的停留时间，让更多观众购买你的产品。

一位优质的主播，一定会给大家放松的时刻。那么，如何在带货抖音直播中营造轻松的时刻呢？比如，主播可以在讲解产品的间隙，通过给观众唱歌，或发起话题讨论等，营造出一种宾至如归的感觉。

2. 激发观众表达欲

很多主播都把观众当成一个倾听者，一味地进行倾诉，推荐各种产品。这些主播仅仅把自己的观点传递给观众，而没有给观众表达的机会。每一个人都有自己的想法，主播要想引导观众下单，就得刺激观众的表达欲，并倾听观众的想法。那么，如何激发观众的表达欲望呢？笔者认为主要有以下两种方法。

1）提问激发

主播可以通过提问的方式，促使观众参与直播，激发观众的表达欲。这不仅可以增加与观众之间的互动，还可以让直播间的气氛快速活跃起来。

例如，抖音平台上有一个售卖手工编织产品的主播，在抖音直播过程中经常问观众："这里大家有没有看懂？看懂的扣1！""这里看懂了吗？看懂的扣1！""大家都学会了吗？学会的扣1！"等，听到主播的这些问题之后，许多观众就会通过评论积极地进行回复，如图7-3所示。

图7-3 通过提问激发观众的表达欲

2）行为激发

有时主播即便不说话，也能通过自己的行为激发观众的表达欲。需要注意的是，主播如果要通过行为激发观众的表达欲，那么主播的行为一定是能够吸引观众目光的，否则，观众可能会因为主播不说话，对抖音直播内容不感兴趣而离开直播间。

在某抖音直播中，虽然主播很长一段时间都没有说话，但是，直播间中的评论却非常多。这主要是因为该主播剪羊毛的这个行为是许多观众从前没有见过的，所以观众看到主播剪羊毛之后，就会觉得很新奇。于是观众会通过评论将心中的想法表达出来。

3. 改善与观众的关系

某位名人曾表示："如果人际沟通能力也是如糖或者咖啡一样的商品，我愿意付出比太阳底下任何东西都珍贵的价格来购买这种能力。"由此不难看出人际沟通能力的重要性。而对于主播来说，通过沟通改善与观众的关系，也是提高带货效率的一个关键。那么主播如何改善与观众的关系呢？接下来笔者就为大家介绍3种常见的方法。

1）关注观众的需求

无论是在直播中销售何种产品，主播都应该了解观众的需求，只有不断地满足观众的需求，才能引发观众下单的欲望，提高产品的销量。主播在了解观众需求的过程中，需要特别注意适当地听取观众的意见，这样才能显示出主播对观众的重视。

例如，在某抖音直播中，部分观众在询问47号产品的情况，主播看到之后，马上对47号产品进行介绍，如图7-4所示。这便是在了解了观众的需求之后，针对性地推荐产品。

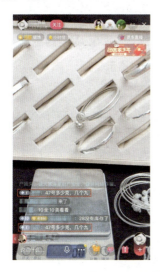 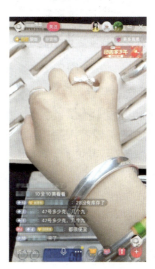

图7-4 主播按照观众要求试穿

2）倾听用户的意见

不论是直播带货，还是直播打游戏、直播聊天和直播唱歌，倾听观众的意见都是必不可少的一环。只有倾听观众的意见，让观众参与进来，才能了解观众的需求，有针对性地给观众推荐产品。

那么，如何让观众参与直播呢？其中一种方法就是增加互动环节，为观众提供更多表达的机会。因此，主播可以站在观众的角度思考，多为观众提供一些可供讨论的话题，通过倾听观众的意见来了解观众的需求。

例如，在某抖音直播中，观众希望主播戴上（虽然该观众将"戴"打成了"带"，但是观众要表达的意思，主播还是一看就懂）产品看一看。而主播看到观众的评论之后，便将该款产品戴在手上，并进行了效果展示，如图7-5所示。这显然便是在倾听观众意见的基础上，进行的产品展示。

 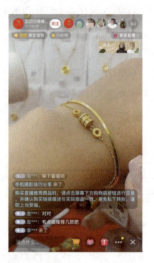

图7-5　倾听观众的意见展示产品

3）安抚观众的情绪

主播在直播过程中不仅要会调动观众的情绪，还要会安抚观众的情绪。当观众没有抢到优惠券，或者没有抢到直播间的红包时，主播不能向观众道歉，这样会让观众觉得自己是对的，会使观众更加生气。

安抚观众的正确方法应该是，对观众说："活动结束了！""欢迎宝宝下次再来！""下次的优惠力度更大哦！"这样观众就会感觉，除了自己之外，还有很多人也没有抢到优惠券，这样一来，观众便不会将矛头指向主播了。

例如，在抖音直播中，如果主播发了红包，界面中便会显示发红包的倒计时。对此，主播可以提醒观众关注发红包的时间，如果观众没有抢到红包，主播则可以安抚观众，让观众下次抓紧时间。

7.3　打造你的专属直播

打造专属自己直播的主播，往往更容易从直播行业中脱颖而出。那么，在抖音直播中如何打造自己的专属直播呢？笔者认为可以从4个方面进行考虑，即个人口头禅、独特造型、树立人设和特色装饰。

7.3.1 留下个人口头禅

个人口头禅是个人的一种标志，因为口头禅出现的次数比较多，再加上在他人听来通常具有一定的特色，所以，听到某人的口头禅之后，我们很容易便能记住这个人，并且在听到其他人说他（她）的口头禅时，我们也会想到将这句话作为口头禅在我们心中留下深刻印象的人。在抖音短视频中，一些具有代表性的头部账号的主播往往都有令人印象深刻的口头禅。如某主播经常会说："Oh，My God！"

无论是抖音短视频，还是直播，主播或视频中人物的口头禅都能令人印象深刻，甚至当观众在关注某个主播一段时间之后，听到主播在直播中说口头禅时，都会觉得特别亲切。

7.3.2 打造独特造型

我们第一次看一个人时，除了看他（她）的长相和身材之外，还会重点关注他（她）的穿着，或者说造型。所以，当主播造型独特时，观众便能快速记住你。

例如，猴子比较喜欢吃桃子和香蕉等水果，所以当主播要销售这些水果时便可以打扮成《西游记》中的孙悟空。这样，当观众看到你的直播之后，很容易便会被主播的造型吸引从而留下深刻的印象。

当然，这里也不是要大家故意做一些造型去哗众取宠，而是要在合理的范围内，以大多数观众可以接受的、有一定特色的造型来做直播，争取用造型来给自己的直播加分。

7.3.3 树立主播的人设

各短视频和直播平台上的 TOP 级网红之所以能被广大观众记住，关键就在于这些网红都有属于自己的人设。那么，我们如何打造人设、增加人设的魅力，从而更好地开启主播的网红之路呢？这一小节笔者就来重点讲解树立主播人设的方法。

1. 确定类型

大众对于陌生人的初次印象往往是不够突出、具体，而且存在一定的差异性。大部分人对陌生人的印象，基本处于一个模糊的状态。

其实，个人所表现出的形象、气质，完全可以通过人设的经营来改变。例如，可以通过改变人物的发型，塑造出和原先不同的视觉效果，使人产生新的人物形象记忆，从而利于人设的改变。

在人际交往中，通过利用主观和客观的信息来塑造人设，从而达到预期的传播效果，是人设经营的根本目的。人设经营，可以说是在他人看法、态度和意见的总结之上进行不断的调整和改进，也是一种在社会上生存的手段。

学会打造独特的人物设定，可以使主播与众不同，在人群中脱颖而出。此外，对外输出效果的好坏，会直接决定人设经营是否成功。而要打造出独特的人物设定，首先要做的就是选择合适的人设类型。

主播要确定自己的人设类型是否合适、恰当，关键需要考虑的方向，就是人设是否满足了自身所面向的群体的需求，因为人设的塑造，直接目的就是吸引目标群体的关注。

人设可以迎合观众的移情心理，从而增强观众群体对其人设的认同感，这样才可以让观众愿意去了解、关注主播。所以，在人设塑造过程中，确定好人设的类型是一个关键。对于主播来说，确定合适的人设可以快速引起观众的兴趣，刺激观众持续关注直播内容。

需要格外注意的是，主播在塑造自己的人设时，应该以自身的性格为核心，再向四周深化，这样便于以后的人设经营，同时也能增加观众对人设的信任度。确定好人设类型后，主播还要进一步考虑一下自己的人设是否独特、别致。

对于想从事直播销售的新人主播来说，前面已经有一批成熟的销售主播，想要脱颖而出，需要耗费一定的时间和精力。

主播可以考虑在那些还没有人使用的人设类型里，找到适合自己的人设标签，继而创造出独一无二的人设。虽然这种人设有点难以找到，但是对于新人主播来说，完全可以利用这个鲜明独特的人设，树立起自己的主播形象。

2．设定标签

一个人一旦有了一定的影响力，就会被所关注的人贴上一些标签，这些标签就可以组合成一个虚拟的"人"。当提到某个标签时，许多人可能会想到一些东西，这并非只是想到一个单纯的名字，而是某人带给他的印象或标签，比如严谨、活泼、可爱和高冷等标签。

主播也可以试着把这些人设标签体现在主播名称和直播标题中。这样，一旦有人在直播搜索栏中搜索相关的标签，就有可能搜索到你。

树立人设的一个关键作用就是和其他主播区分开，所以当主播在选择自己人设标签的时候，必须和其他主播的人设区分开来。为了避免出现同年龄、同类型的主播人数太多，无法有效地突出自己的人设形象问题，主播在选择人设形象时，要选择便于观众进行搜索、区分的人设。

主播之间人设类型的多样性，正是通过细分人设的方式，减轻主播之间的竞争力度的。对于主播来说，人设就代表着自身的形象魅力和特色。

主播只要把设定出的形象,不断地向观众进行展示和强化,自然就可以给他们留下深刻的印象,所以塑造人设的基本策略就是体现差异化。人设类型一定要让观众鲜明地区分出来。

下面将向各位读者介绍几种主播人设类型,帮助读者了解不同人设的特点、风格,从而更好地寻找有特色的人设标签。

1)人美声甜的"邻家小妹"

这种人设的主播,一般外形很可爱,声音好听,表现出来的感觉是比较活泼、可爱。如果从事男装直播销售,这种人设能够更加吸引观众的关注。

这类主播在塑造自己的人设时,大致有两种表现方法。一种是主播会在直播时,通过发型、饰品上的修饰来巩固自己的人设类型。例如,主播简单地利用草帽、发带等饰品体现人设风格。另一种主播展现自身人设形象的方式就简单一些,由于她们本身的形象就非常贴近邻家的风格,所以在直播的时候,只需简单的马尾或丸子头就能体现出人设形象。

2)形象和外表反差的"男友"

这种人设表现为外表是美丽的女性,而所表现出来的肢体语言却是非常简洁、帅气,有"男友"风格,这类主播在直播间的整个穿着风格就比较干练、中性。

这种具有反差性的人设,不仅能吸引男性观众的关注,还能吸引女性观众的追随,满足她们希望被人保护的心理。

3)专业暖心的"大姐姐"

这种人设的主播通常具有一定的专业性,能够给观看直播的观众一些有用的建议。同时,她们往往会从观众考虑的角度进行商品的推荐,让人看上去觉得主播就是一个暖心的"大姐姐"。

观看直播的观众中有80%以上是女性,因此主播要学会抓住女性的兴趣和目光,获得她们的信任和追随。这种拥有大量时间去观看直播的女性观众,不仅拥有强烈的购买需求,而且具备一定的购买能力。观看直播的女性群体一般可以分为两大群体:一是想学习更多的护肤、化妆和服饰搭配技巧的学生;二是想学习更多的育儿、产后修复和护理肌肤技巧的宝妈。

这两类人群对技巧都非常渴望,希望遇到专业人士来引领她们。而专业暖心的"大姐姐"人设,就可以很好地解决她们的疑惑,满足她们的心理需求,让她们可以放心地购买商品。

3. 对标红人

人格魅力的产生,在很大程度上源于观众对主播的外貌、穿衣打扮的一个固有形象的印象,以及主播在直播间表现的性格。一个精准的主播人设,可以拓展直播的受众面,吸引感兴趣的观众。

精准的人设，就是说到某一行业或内容时，观众自然而然就能想到具体的人物。而主播要做的就是在学习他人成功经验的基础上，树立自己的精准人设，让自己成为这类人设标签里的红人。

例如，一个主播要想成为口红带货的 TOP 级主播，可以先参照"口红一哥"的成功经验进行直播，并在直播中树立起自己的独特人设（如站在观众的角度思考问题，只为观众推荐高性价比口红的真诚主播形象），通过持续直播让自己慢慢成为口红直播行业中的红人。

如图 7-6 所示，为某抖音直播的相关画面。可以看到，该主播便是通过推荐高性价比的化妆品树立起真诚人设的。

 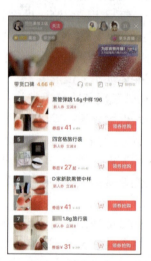

图 7-6　通过高性价比的化妆品树立起真诚人设

7.3.4　用好特色装饰

除了个人口头禅和独特造型之外，还可以通过直播间的特色装饰来打造个人直播特色，塑造自己的专属直播。直播间的特色装饰有很多，既包括主播后面的背景，也包括直播间画面中的各种设置。相对于主播后面的背景，直播间画面中的相关设置通常更容易操作。具体来说，运营者可以通过以下操作在直播中添加贴纸。

步骤 01　在直播界面中，点击 图标，如图 7-7 所示。

步骤 02　操作完成后，会弹出"装饰美化"提示框，点击提示框中的"贴纸"按钮，如图 7-8 所示。

步骤 03　操作完成后，会弹出贴纸样式提示框。从提示框中选择贴纸样式，如图 7-9 所示。

图 7-7 点击图标

图 7-8 点击"贴纸"按钮

步骤04 返回直播界面，如果界面中出现了刚刚选择的贴纸，就说明贴纸添加成功了，如图 7-10 所示。

图 7-9 选择贴纸样式

图 7-10 贴纸添加成功

第 8 章
直播话术：积极引导用户下单购物

学前提示　同样是做抖音直播，有的主播一场直播可以带货上千万元，有的主播一场直播却没卖出几件产品。这种差异的一个重要原因，就是前者懂得通过营销话术引导销售，而后者却不懂得如何通过话术带动产品的销售。

从零开始做抖音电商：引流涨粉 + 直播带货 + 橱窗小店 + 广告盈利

8.1 直播通用话术

在抖音直播过程中，主播如果能够掌握一些通用的话术，会获得更好的带货、变现效果。这一节对 5 种直播通用话术进行分析和展示，帮助大家更好地提升自身的带货和变现能力。

8.1.1 欢迎用户进入

当有用户进入直播间之后，直播的评论区会有显示，如图 8-1 所示。主播在看到进入直播间的用户之后，可以对其表示欢迎。

图 8-1 用户进入直播间的提示

当然，为了避免欢迎话术过于单一，主播可以通过一定的分析，根据自身和观看直播用户的特色来制定具体的欢迎话术。具体来说，常见的欢迎话术主要包括以下 4 种。

（1）结合自身特色。如："欢迎×××来到我的直播间，希望大家都能买到物美价廉的服装！"

（2）根据用户的名字。如："欢迎×××的到来，看名字，你是很喜欢玩《××××》游戏吗？真巧，这款游戏我也经常玩！"

（3）根据用户的账号等级。如："欢迎×××进入直播间，哇，这么高的等级，看来是一位大佬了，求守护呀！"

（4）表达对忠实粉丝的欢迎。如："欢迎×××回到我的直播间，差不多每场直播都能看到你，感谢您一直以来的支持呀！"

8.1.2 感谢用户支持

当用户在直播中购买产品或者给你刷礼物支持你时,你可以通过一定的话语对用户表示感谢。

(1)对购买产品的用户表示感谢。如:"谢谢大家的支持,××不到1小时就卖出了500件,大家太给力了,爱你们哦!"

(2)对刷礼物的用户表示感谢。如:"感谢××哥的嘉年华,这一下就让对方失去了战斗力,估计以后他都不敢找我PK了。××哥太厉害了,给你比心!"

8.1.3 提问活跃气氛

在直播间向用户提问时,主播要使用更能提高用户积极性的话语。笔者认为,主播可以从两个方面进行思考,具体如下。

(1)提供多个选择项,让用户自己选择。如:"接下来,大家是想看鞋子,还是想看衣服呢?"

(2)让用户更好地参与其中。如:"想看1号产品的扣1,想看2号产品的扣2,我听大家的安排,好吗?"

8.1.4 引导用户为你助力

主播要懂得引导用户,根据自身的目的,让用户为你助力。因此,主播可以根据自己的目标,用不同的话术对用户进行引导,具体如下。

(1)引导用户购买。如:"天啊!果然好东西都很受欢迎,半个小时不到,××已经只剩下不到一半的库存了,要买的宝宝抓紧时间下单哦!"

(2)引导用户刷礼物。如:"我被对方超过了,大家给给力,让对方看看我们真正的实力!"

(3)引导直播氛围。如:"咦!是我的信号断了吗?怎么我的直播评论区一直没有变化呢?喂!大家听没听得到我的声音呀,听到的宝宝请在评论区扣个1。"

8.1.5 传达下播信号

每场直播都有下播的时候,当直播即将结束时,主播应该通过下播话术向用户传达下播信号。那么,如何向用户传达下播信号呢?主播可以从3个方面进行重点考虑,具体如下。

(1)感谢用户陪伴。如:"直播马上就要结束了,感谢大家在百忙之中抽出宝贵的时间来看我的直播。你们就是我直播的动力,是大家的支持让我一直坚持到了现在。期待下次直播还能再看到大家!"

（2）直播预告。如："这次的直播接近尾声了，时间太匆匆，还没和大家玩够就要暂时说再见了。喜欢主播的可以明晚 8 点进入我的直播间，到时候我们再一起玩呀！"

（3）表示祝福。如："时间不早了，主播要下班了。大家好好休息，做个好梦，我们来日再聚！"

8.2 直播促销话术

主播在销售过程中，除了要把产品很好地展示给用户以外，还要掌握一些销售技巧和话术，这样才可以更好地进行商品的推销，提高主播自身的带货能力，从而让主播的商业价值得到增值。

由于每一个用户的消费心理和关注点不一样，在面对合适、有需求的商品时，仍然会由于各种细节因素，导致最后没有下单。

面对这种情况，主播就需要借助一定的销售技巧和话语来突破用户的心理防线，促使用户完成下单行为。本节将向大家介绍几种销售的技巧和话术，帮助大家提升带货技巧，创造直播间的高销量。

8.2.1 介绍产品优势

主播在抖音直播过程中，可以用一些生动形象、有画面感的话语来介绍产品，从而达到劝说用户购买产品的目的。下面笔者就来对介绍法的 3 种操作方法进行简单说明，如图 8-2 所示。

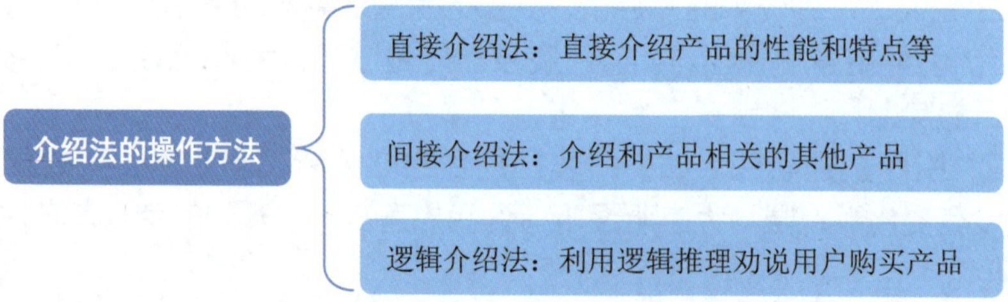

```
                        ┌─ 直接介绍法：直接介绍产品的性能和特点等
介绍法的操作方法 ─┼─ 间接介绍法：介绍和产品相关的其他产品
                        └─ 逻辑介绍法：利用逻辑推理劝说用户购买产品
```

图 8-2　介绍法的 3 种操作方法

1．直接介绍法

直接介绍法是指主播直接向用户介绍、讲述产品的优势和特色，劝说用户购买产品的一种推销方法。这种推销方法的优势就是非常节约时间，可以直接让用户了解产品的优势，省却不必要的询问过程。

如图 8-3 所示，为某女鞋销售直播的相关画面。可以看到，在该直播中是通过直接展示并介绍产品来向用户推荐产品的,这便属于通过直接介绍法进行直播带货。

图 8-3　通过直接介绍法进行带货

2. 间接介绍法

间接介绍法是通过向用户介绍和产品本身相关的其他事物来衬托产品的一种推销方法。例如,如果主播想向用户介绍服装,不直接说产品的质量有多好,而是介绍服装的做工和面料等,让用户觉得产品的质量过硬,这就是间接介绍法。

例如,某直播间中,主播在向用户推荐山药时,并没有将重点放在展示产品的外观上,而是直接把挖掘山药的过程呈现在镜头中,让用户看到山药挖掘不易。这便是通过间接介绍法进行直播带货。

3. 逻辑介绍法

逻辑介绍法是通过逻辑推理的方式,说服用户购买产品的一种沟通推销方法。这也是线下销售中常用的一种推销手法。

例如,有的主播在推销产品时,可能会说:"这件产品也就是几杯奶茶的价钱,几杯奶茶一下子就喝完了,但产品购买了之后却可以使用很长一段时间。"这就是一种较典型的逻辑介绍。这种介绍法的优势就在于说服力很强,让用户很容易就认同主播的观点。

8.2.2　赞美引导用户

赞美法是一种常见的推销话语技巧。这是因为每个人都喜欢被人称赞,喜得到他人的认可。在这种赞美的情景之下,被赞美的人往往心情愉悦,就很容易在这种心情的引导下采取购买行为。

三明治赞美法属于赞美法里面比较受推崇的一种表达方法。首先,根据对方的表现来称赞他的优点;然后再提出希望对方改变的不足之处;最后,重新肯定对方的整体表现状态。通俗的意思是:先褒奖,再说实情,最后说一个总结的好处。

在日常生活和主播销售中,主播可以通过三明治赞美法进行销售。例如,当粉丝担心自己的身材不适合这件裙子时,主播就可以向粉丝说:"这条裙子不挑人,大家都可以穿,你非常适合这款裙子的风格,不妨尝试一下。"

8.2.3 强调产品优势

强调法,也就是需要不断地向用户强调这款产品是多么好,多么适合用户,通过类似于"重要的话说三遍"的方式,将产品的重要信息不断地告知用户,从而在潜移默化之中达到引导用户下单的目的。

当主播想大力推荐一款产品时,就可以不断地强调这款产品的特点,以营造一种热烈的氛围。在这种氛围下,用户很容易跟随这种情绪,不由自主地就会下单。因此,主播可以在带货时,反复强调此次直播间产品的优惠力度、产品的质量安全和售后保障,从而促进产品的销售。

例如,在某干莲子的销售直播中,主播将莲子去心的操作过程进行了重点展示。对此,主播不妨在展示的过程中,反复强调自己销售的莲子都是人工一个一个去心的,从而让用户在肯定产品质量的情况下,主动下单。

8.2.4 示范推销产品

示范法也叫示范推销法,它要求主播把要推销的产品展示给用户看,从而激起用户的购买欲望。

由于直播销售的局限性,使得用户无法亲自看到产品,这时就可以让主播代替用户来获得对产品的体验。对于用户来说,由于主播相对来说更加了解产品的风格和款式,所以由主播代替自己来体验产品,用户通常会比较放心。如图8-4所示,为示范推销法的操作方法。

```
示范推销法 ── 第一,灵活展示产品,引起用户的兴趣
          └─ 第二,善于演示和讲解产品,激发用户下单购买
```

图 8-4 示范推销法的操作

1. 灵活展示自己的产品

示范推销法是一种日常生活中常见的推销方法，其中涉及的方法和内容较复杂，因为不管是商品陈列摆放、当场演示，还是主播试用、试穿和试吃产品等，都可以称之为示范推销法。

它的主要目的就是希望达到一种让消费者亲身感受产品优势的效果，同时通过尽可能全面地展示产品的优势，来吸引用户的关注。

现在许多直播都会选择这种方式，对产品进行试用、试穿或试吃。如图8-5所示，为某女鞋销售直播间的相关画面。可以看到，该直播间中便是通过模特试穿的方式，来展示产品的。

图 8-5 通过模特试穿展示产品

2. 直接演示和讲解自己的产品

对于销售人员来说，演示和讲解产品是必须掌握的一种能力。毕竟说得再多，都不如亲自试用一下产品，让用户看到实际效果。如果能让用户亲自来试用产品就更好了。像出售床上用品的商家，会创造一个睡眠环境，让用户在床上试睡。

但抖音直播这种线上销售方式，用户是无法亲自使用产品的。这时，主播就可以在直播过程中，亲自使用产品，将演示过程通过直播镜头灵活地展现出来，让用户直观地看到实际效果。

如图8-6所示，为某魔术道具销售直播间的相关画面。可以看到，在该直播中，主播便是通过直接演示该道具的使用方法，来吸引用户的关注，并引导用户下单的。

图 8-6 主播在镜头前展示产品的使用效果

相比于其他推销方法，示范推销法的优势就在于可以让用户看到产品的使用效果。因为主播敢于在镜头前展示效果，所以用户往往也更能感受到主播对于自己销售的产品的信心。

8.2.5 告知限时优惠

限时优惠法就是直接告诉用户，现在直播间正在举行某项优惠活动，在活动期间，用户能够得到的利益是什么。此外，主播也可以在直播时提醒用户，活动结束后，再想购买对应的产品，会花费更多的钱。这样一来，为了更好地维护自身的利益，部分用户就会更愿意购买该产品了。

例如，主播在直播中可以对用户说："亲，这款服装，我们今天做优惠活动，你还不考虑入手一件吗？过了今天，价格就会回到原价位，原价位和现在的价位相比，足足多了好几百元呢！如果你想购买该产品的话，必须尽快做决定哦！机不可失，时不再来。"

主播通过这种方法推销产品，会给用户一种错过这次活动，之后再买就亏大了的感觉。同时通过最后期限的设置和告知，能给用户造成一种心理压迫感，让有需求的用户更想抓紧入手该产品。主播在直播间向用户推荐产品时，就可以积极运用这种方法，通过直播话术给用户造成紧迫感，同时也可以通过优惠倒计时的显示来提醒用户可享受优惠的时间越来越少了。

如图 8-7 所示，为部分直播间中销售的产品的展示页。可以看到，其中就有一些限时秒杀的产品，并且产品下方还会显示限时秒杀结束的倒计时。主播在直播时就可以结合倒计时提醒用户，给用户造成心理上的压迫感，促使用户下单。

图 8-7　直播间的限时优惠

8.2.6　借用大咖金句

每个行业都会有一些知名度比较高的大咖。大咖之所以能成为大咖，就是因为其具有专业的素质，并且还取得了傲人的成绩。在直播带货领域也有一些做出了成绩的人，这些人之所以能成功，就在于他们懂得通过话术引导用户购买产品，有的直播带货主播还形成了自己的特色营销话术。

例如，某位有着"口红一哥"之称的美妆主播就有许多属于自己的特色营销话术，或者说是金句，其中之一就是用"买它"来引导用户购买产品。因为该主播的金句被许多人所熟知，而且也促进了产品的销售，所以一些运营者发布的短视频和直播内容中也会借用其金句。

其实，同样是带货，"口红一哥"用金句可以引导用户购买产品，其他主播用金句同样也能起到直播带货的作用。因此，当主播看到一些大咖的营销金句时，不妨也借过来在直播时试用一下，看看效果如何。

8.2.7　解决用户痛点

通过短视频直播带货时，如何把产品销售出去，是整场直播的核心点。和实体店一样，主播需要通过和顾客沟通、交流，同时运用一点说话技巧，抓住用户的心理需求，从而促使用户完成最后的下单行为。

怎样让用户放下买单前的犹豫,是很多主播非常关心的一点。毕竟有太多的用户在开始时表现出强烈的购买欲望,到需要付款的那一刻却犹豫了、放弃了。这种情况在日常生活中时常发生,销售人员往往花费了一定的精力、时间进行推荐,但由于顾客没有采取付款行为,于是功亏一篑。下面为大家介绍如何通过解决痛点来促使用户完成付款。

1. 提出痛点

当新人主播提出痛点时要注意,只有有关"基础需求"的问题,才能算是真正的"痛点"。基础需求是用户最根本和核心的需求,基础需求没解决,用户的痛点会非常明显。

例如,服装是每一个人在日常生活中时时刻刻都需要使用的产品,无论是为了保暖,还是为了装扮自己,都需要服装。同时,衣服在某种程度上代表着一种体面和在社会上的形象。

主播在介绍服装的时候,不妨从痛点入手。服装是刚需产品,即使用户现在不需要,也不代表用户的购买需求和欲望不存在。这时,主播需要做的就是激发用户的购买需求和欲望。例如,主播可以同时展示多种款式,让用户有更多的选择,如图 8-8 所示。如果用户看到自己喜欢的款式,就会更想下单购买了。

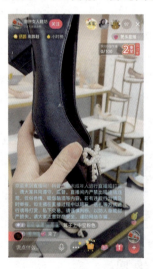
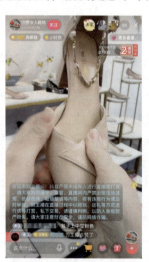

图 8-8 通过展示多种款式刺激需求

2. 放大痛点

现代社会对于产品的要求逐渐严格。以服装为例,所有人都希望自己能穿着得体。衣服所蕴含的功能已经从开始的遮羞、保暖和保护作用,演变成展示个人形象、个性的功能作用。

在现代社会，衣服是构成个人形象的关键因素，服装在某种程度上就是自己的形象名片。一件得体的服装和一件不得体的服装，给人的印象是截然不同的。人靠衣装，也简单直白地表明了服装可以起到修饰、美化个人形象的作用。

因此，主播在推荐服装时，就需要最大化地找出、放大用户的痛点，强调别人有，而用户可能没有的，那么别人可以穿着好看的衣服，自信地展示自己的美，获得他人的好感，而用户的痛点在此时就被放大了。

例如，部分销售大码女装的主播因为本身有一点儿胖，所以很多服装穿上去之后，整个人显得比较壮和矮。由于这是许多有些肥胖的女性的常态，因此，在看到主播穿寻常款式的服装之后，痛点就被放大了。如果主播在试穿了几种款式的衣服之后，再穿上自己要推荐的显瘦型服装，那么经过前后对比，用户就会更愿意购买主播推荐的服装了。

3. 解决痛点

痛点，就是用户急需解决的问题。没有解决痛点，就会很痛苦。用户一定会主动去寻求解决自己痛点的办法。研究显示，每个人在面对自己的痛点时，是最有执行力的。

大部分进入直播间的用户在一定程度上都是对直播间中销售的产品有需求的，即使当时的购买欲望不强烈，但是主播完全可以通过抓住用户的痛点，让购买欲望不强烈的用户也采取下单行为。

例如，部分卖大码女装的抖音直播中，主播的体重达到150斤、160斤，但是，穿上直播间销售的服装之后却一点都不显得胖，因此，主播会通过话术来凸显服装的显瘦效果。在这种情况下，许多觉得自己有些肥胖的女性在看到主播的着装效果之后，就会觉得自己的痛点是能够通过购买主播推荐的服装解决的。

8.2.8 解决后顾之忧

主播要想让用户爽快地下单，就要解决用户的后顾之忧。现在很多品牌商家为了提高产品的销量，往往会向消费者表示这款产品在一定的时间期限内是可以免费退换的，以此来解决用户收到产品后不满意的担忧。

现在，很多抖音直播间都会标明产品的售后处理情况，让进入直播间的用户可以安心购买。如图8-9所示，为标明产品"7天无理由退货"的抖音直播间。

这种策略可以在一定程度上表明主播对于自己推荐的产品有着足够的信心。同时，采取免费退换的承诺，也是建立用户信任感的有效策略，让用户产生即使收到的服装款式、风格自己不喜欢，也不会有任何经济损失的感觉，进而使用户更放心地购买产品。

图 8-9　标明产品"7 天无理由退货"的抖音直播间

8.3　直播答问话术

了解了直播间的模板以及直播话术的方法之后,在本节,笔者将针对直播间卖货时观众常问及的一些问题给出解答示范,更好地帮助主播应对直播间的提问,确保抖音直播带货的正常进行。

8.3.1　产品是否适用

用户常问的一类问题是:"我的体重是××kg,身高是×××cm,这个产品我用(穿)合适吗?""×号链接(的产品),××斤左右可以穿吗?""××斤,要穿哪个尺码的?"

对于这类问题,主播可以根据用户提供的具体身高、体重信息,给予合理意见;或者将当前产品的尺码与标准尺码进行对比,再作出推荐。如果销售的产品是标准码,可以让用户直接选择平时穿的尺码。

当然,主播也可以在直播间中展示产品的标准尺码推荐参考表,给用户提供一个参照,如图 8-10 所示。

这样一来,当用户询问这类问题时,主播直接让用户查看尺码参考表就可以了。除此之外,还可以向用户展示产品包装中的尺码表,让用户知道对应尺码的使用情况。

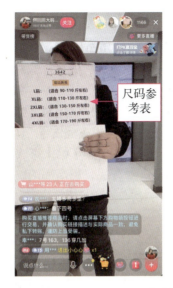 

图 8-10　在直播间列出尺码参考表

8.3.2　主播自身情况

用户常问的第二类问题是主播的身高和体重等信息。部分主播会在抖音直播间中，展示自己的身高和体重等信息，但是有的用户没有注意到，主播可以直接回复用户，并且提醒用户看直播间中的主播信息。

如图 8-11 所示，为部分抖音直播中的主播信息的相关画面，可以看到，这些直播间中便对主播的身高和体重等信息进行了展示。

图 8-11　部分抖音直播中的主播信息

8.3.3 产品能否试用

许多用户经常会在抖音直播中询问:"×号宝贝可以试一下吗?"用户之所以会问这一类问题,很可能是因为用户在观看直播时,对该产品产生了兴趣,需要主播进行试用,所以提出了试用的要求。

主播面对这类提问时,可以用话术回答,并及时安排试用或试穿产品。

例如,在某首饰类销售抖音直播中,部分粉丝要求主播试穿20号产品。因此,主播在看到用户的要求之后,马上说道:"好的,等下给大家试试20号。"并在展示完一套衣服之后,便快速地换上了20号产品,将产品的试穿效果展示给用户看,如图8-12所示。

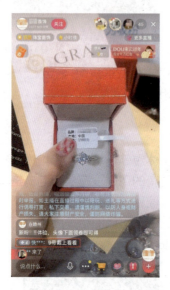

图8-12 用户询问产品能否试用

8.3.4 ×号宝贝的价格

用户之所以会问这个问题,主要就是因为他(她)没有看商品详情,或者是没有找到商品详情页面。对于这个问题,主播可以直接告知产品的价格,或者告诉用户如何找到商品详情页面。

通常来说,用户询问价格时,主播通过话术直接引导用户查看购物车中产品的具体价格即可。当然,如果直播间发放了优惠券,主播也可以先让用户点击直播间中的 图标,并在弹出的提示框中,点击"立即关注"按钮,操作完成后即可领取优惠券,如图8-13所示。

图 8-13 领取直播间的优惠券

用户在直播间领取了优惠券之后,点击"立即用券"按钮,进入直播间的产品页面,点击对应产品后方的"领券抢购"按钮,如图 8-14 所示。操作完成后,进入提交订单界面,在该界面中将自动使用优惠券,而用户则可以用券后价购买产品,如图 8-15 所示。

图 8-14 点击"领券抢购"按钮　　图 8-15 自动使用优惠券

因此,主播便可以利用这一点,通过话术突出产品的价格优势,从而助力用户的购买行为。

8.3.5 质问主播不理会

有时候用户会质问主播，为什么不理人，或者责怪主播没有理会他。这时候主播需要安抚该用户的情绪，可以回复说没有不理，只是因为消息太多，没有看到。主播需要明白，如果不做好安抚工作，可能会丢失这个用户。

除了质问主播不理自己之外，部分用户可能还会询问主播：客服怎么不回信息，如图 8-16 所示。对此，主播可以告诉用户，是因为消息太多了，有些回复不过来，并表示自己会提醒客服及时回复消息的。

图 8-16　用户询问客服怎么不回消息

第 9 章
直播带货：提高目标用户的购买欲

学前提示　大多数运营者和主播做抖音直播的主要目的，就是通过带货卖货来获得收益。那么，运营者和主播要如何提高目标用户的购买欲，增加直播间的销量和销售额呢？本章笔者就来为大家介绍直播带货的实用方法。

9.1 直播带货 5 步法

可能很多人还是不知道如何更好地进行抖音直播卖货,接下来笔者就来介绍直播带货的 5 个步骤,帮助主播新人更好地提高直播的成交率。

9.1.1 取得用户信任

抖音中的直播很多,为什么用户会选择在你的直播间购买产品呢?那是用户出于信任。所以在直播带货的沟通中,我们重点需要建立与用户之间的信任。具体来说,主播可以从以下几方面获得更多用户的信任。

1. 维持老客户的复购率

经营服务好老客户,给予优惠福利,调动这部分用户的购买积极性,借助老客户来挖掘更多潜在客户。

2. 提供详细全面的产品信息

如果在直播中你介绍得不够详细、全面,用户可能会因为对产品了解不够而放弃下单。所以在直播带货过程中,主播要从用户的角度对产品进行全面、详细的介绍,必要时可以利用认知对比原理,将自身产品与其他店家的产品进行比较。例如,在销售包的直播中,可以将正品与市场上的水货进行比较,向用户展示自身产品的优势,让用户在对比中提高对产品的认知。

3. 提供可靠的交易环境

在直播交易中,商家提供的交易方式也会影响用户的信任度,一个安全可靠的交易平台会让用户在购买时更放心,所以运营者和主播需要向用户确保你们的交易是安全可靠的,不会出现欺诈、信息泄露等情况。

4. 进行有效的交流沟通

在直播时主播应该认真倾听用户的提问,并进行有效的交流和解答。如果在沟通过程中,用户对产品的提问被主播忽视了,用户就会产生不被尊重的感觉。所以主播在进行直播带货时,需要给予用户适当的回应,表示对用户的尊重。对此,运营者和主播可以用专门小助手,负责直播答疑。可以由多名小助手进行分工合作,这样更有利于直播间的有序管理。

5. 建立完善的售后服务

完善的售后服务可以为企业建立更好的口碑,同时也是影响用户信任度的因素。用户购买完产品后，可能会遇到一些问题，作为商家代表的运营者和主播应该及时处理，避免影响用户的购物体验和信任度。

9.1.2 塑造产品价值

决定用户购买产品的因素，除了信任外还有产品的价值。在马克思理论中，产品具有使用价值和属性价值，如图9-1所示。

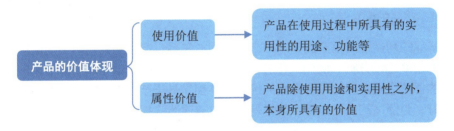

图9-1 产品的价值体现

产品的价值塑造可分为两个阶段：一为基础价值，即产品的选材、外形、功能、配件、构造和工艺等；二为价值塑造，即展示产品的独特性、稀缺性、优势性和利益性。在直播中我们主要进行的是产品价值的塑造。

1．产品的独特性

产品的独特性可以从产品的设计、造型出发，产品的设计可以是产品的取材。例如，某化妆品中包含Pitera™（一种半乳糖酵母样菌发酵产物滤液），并且声明这种透明液体可以明显地改善肌肤表皮层代谢过程，让女性肌肤一直晶莹剔透。这就是产品独特性的塑造。

产品独特性的塑造可以让产品区别于其他同类产品，凸显出该产品的与众不同。当然在直播带货中，产品独特性的塑造必须从用户的购买需求出发。例如，某化妆品的功效是改善女性肌肤表皮，主播在直播时就可以紧紧地围绕女性想要改善肌肤的需求进行独特性的塑造。

2．产品的稀缺性

产品的稀缺性体现在市场的供应量小，或者供不应求上。对于这样的产品，运营者和主播可以重点做好数据的收集，让用户明白能买到该产品的机会不多。这样一来，用户为了获得产品，就会更愿意在直播间下单了。

3．产品的优势性

产品的优势性可以是产品的先进技术优势。这主要建立在研发创新的基础上。例如,手机或其他电子产品的直播,可以借助产品的技术创新进行价值塑造,甚至可以是刷新用户认知的产品特点,给用户带来惊喜,并超出用户的期望值。

除此之外,运营者和主播还可以从产品的造型优势出发,例如包包的直播,小型的包强调轻巧便捷;中等型号的包适合放置手机以及钱包、口红,并具有外形独特、百搭,适合拍照等特点;较大的包可以强调容量大,可以放置化妆品、雨伞,并且适合短期旅行,这些都是从不同产品的特点出发,显示不同的优势。

4. 产品的利益性

产品的利益性是指产品与用户之间的利益关系,产品的利益价值塑造需站在用户的角度进行分析。例如,在进行家电直播时,主播可以强调产品给用户生活带来的便捷之处。无论是哪方面的价值塑造都是基于产品本身的价值使得用户获得更好、更舒适的生活体验,这就是产品价值塑造的基础。

以上塑造价值的方法都是基于产品本身的特点所营造的。除此之外,主播还可以通过赋予产品额外价值来实现产品价值的塑造,赋予产品额外价值的方法有两个,如图9-2所示。

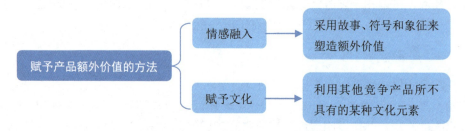

图9-2 赋予产品额外价值的方法

9.1.3 了解用户需求

在直播带货中,用户的需求是购买产品的重要因素。需求分为两大类,一类是直接需求,也就是所谓的用户痛点,比如用户在购买时表达的想法,需要什么样的产品类型。

另一类是间接需求,这类需求分为两种,一种是潜在需求,主播在带货过程中可以引导用户的潜在需求,激发用户的购买欲望,潜在需求可能是用户没有明确表明的;另一种是外力引起的需求,即由于环境等其他外力因素促使用户产生的需求。

在进行带货的过程中,运营者和主播不能只停留于用户的直接需求上,而应该挖掘用户的间接需求。如何了解用户的间接需求呢?笔者认为可以从以下几个角度出发。

1. 客观思考分析用户的表达

当用户在直播间进行提问时,主播需要客观地分析用户的言语,去思考用户真正所需要的产品。可能用户本身也不清晰自己所需要的产品,此时主播就可以通过直播进行引导。

2. 选择与用户相符合的产品

每件产品都有针对的用户群体,你推荐的产品与用户相匹配,就能引起用户的共鸣、满足用户的需求。例如,高端品牌的抖音直播,符合高消费人群的喜好,这类用户在购物时可能更注重产品的设计感和时尚感,在消费价格上则不太重视。因此,主播可以在把握这类群体的心理特征的基础上,重点分析和讲述产品。

9.1.4 根据需求推荐

了解了用户的需求之后,便可以根据用户的需求推荐产品了。当直播弹幕中表达需求的用户比较少时,主播甚至可以进一步询问用户对产品的具体要求,比如用户是否对材质、颜色和价格等有要求。

确定了用户的具体需求之后,主播还可以通过直播向用户展示产品的使用效果,并对产品的细节设计进行说明,让用户更好地看到产品的优势,从而提升用户的购买欲望。

9.1.5 促使用户下单

根据需求推荐产品之后,主播可以通过限时和限量营造紧迫感,让用户产生抢购心理,促使用户下单。

1. 通过限时营造紧迫感

运营者和主播可以制造时间上的紧迫感,例如进行产品的限时抢购、限时促销等。通常来说,这类产品的价格相对比较实惠,所以往往也能获得较高的销量。

除此之外,运营者和主播还可以通过直播标题制造时间上的紧迫感。例如,可以将"限时抢购"等词汇直接写进直播标题中。

2. 通过限量营造紧迫感

运营者和主播可以限量地为用户提供优惠,限量的产品通常也是限时抢购的产品,但是也有可能是限量款,还有可能是清仓断码款。因为这类产品的库存有限,所以对产品有需求的用户,会快速下定购买产品的决心。

9.2 做好直播选品

抖音带货直播，选品无疑是一个关键。毕竟只有你提供的产品是用户想要购买的，用户才会更愿意下单。那么，运营者和主播要如何做好直播选品呢？本节笔者就来讲解直播选品的具体方法。

9.2.1 根据定位选择

因为大多数抖音号都会根据自身的定位发布短视频，所以这些抖音号获得的粉丝都是对定位内容比较感兴趣的。再加上粉丝查看抖音号短视频之后，会觉得账号运营者对账号定位方面的内容更加专业，也更值得信任。因此，如果运营者和主播能够根据定位选择产品，那么部分粉丝会更愿意下单进行购买。

相反，如果运营者和主播选择与定位毫无关系的产品进行销售，那么粉丝会觉得你对产品的了解不够专业，部分粉丝可能还会认为你提供的产品质量难以得到保障，在这种情况下，产品的销量自然就上不去了。

9.2.2 查看产品销量

根据定位确定了选品的大致范围之后，运营者和主播可以进一步确定要销售的产品的类别，然后查看这些类别的产品销量情况，并从中选择销量比较高的产品。因为销量比较高的产品，用户的需求量通常也比较大，运营者和主播选择销售这些产品，可能更容易获得较高的销量。

那么，具体要如何查看产品的销量呢？以蝉妈妈抖音版为例，运营者可以进入"商品"界面，按照销量或浏览量排序，查看各类产品的排行情况。如图 9-3 所示，为按照"昨日"销量对美妆护理类产品进行的排序，运营者可以从中查看在榜产品的"昨日浏览""昨日销量"和"昨日转化率"等数据，并据此判断哪些产品比较受用户欢迎。

9.2.3 亲自体验产品

查看产品的销量之后，运营者和主播可以从销量较高的产品中选择直播间要销售的产品，然后下单购买这些产品，或者让品牌方提供一些样品。样品拿到之后，运营者和主播可以亲自体验产品，了解产品的使用效果，并记录自己的使用感受。

在直播带货之前，运营者和主播一定要尽可能地亲自体验产品，这不仅可以避免因为对产品不了解而导致在直播间被用户问倒，还可以熟练掌握产品的正确使用方法，减少直播翻车的概率。

图9-3 查看产品的销量情况

9.2.4 了解产品卖点

大多数用户之所以愿意购买某件产品，通常就是因为该产品的某个或某些卖点打动了他（她）。因此，为了让产品的销量更有保障，运营者在选品过程中还得了解产品的卖点，并通过直播将卖点传达给用户。

具体来说，运营者和主播可以从两个方面了解和提炼产品的卖点：一是查看产品的宣传内容，从中提炼出产品的主要优势；二是在亲自体验产品的过程中，结合自身感受总结产品打动自己的地方。

9.3 掌握带货技巧

在进行抖音直播带货的过程中，运营者和主播还得掌握一些常用的带货技巧。本节笔者就来重点为大家介绍8种抖音直播带货技巧，让大家快速提高抖音直播间的转化率。

9.3.1 利用卖点提高销量

产品卖点可以理解成产品的优势、优点或特点，也可以理解为自家产品和别家产品的不同之处。怎样让用户选择你的产品？和别家的产品相比，你家产品的竞争力和优势在哪里？这些都是主播直播卖货过程中需要重点考虑的问题。

在观看直播的过程中，用户或多或少会关注产品的某几个点，并在心理上认同该产品的价值。在这个可以达成交易的时机上，促使用户产生购买行为的，就是产品的核心卖点。找到产品的卖点，便可以让用户更好地接受产品，并且认可产品的价值和效用，从而达到提高产品销量的目的。

因此，对于主播来说，找到产品的卖点，不断地进行强化和推广，通过快捷、高效的方式，将找出的卖点传递给目标用户是非常重要的。如图 9-4 所示，为羽绒服的一个宣传卖点。

图 9-4　某羽绒服的一个宣传卖点

主播在直播间销售产品时，要想让自己销售的产品有不错的成交率，就需要满足目标受众的需求点，而满足目标用户的需求点是需要通过挖掘卖点来实现的。

但是，如果满足目标用户需求的产品在与其他产品的对比中体现不出优势，那产品卖点也就不能称之为卖点了。要想使产品的价值更好地呈现出来，主播需要学会从不同的角度挖掘产品的卖点。下面笔者就来为大家介绍一些挖掘卖点的方法。

1. 结合当今流行趋势挖掘卖点

流行趋势代表着有一群人在追随这种趋势。主播在挖掘服装的卖点时，就可以结合当前流行趋势来找到服装的卖点，这也一直是各商家惯用的营销手法。

例如，当市面上大规模流行莫兰迪色系的时候，在服装的介绍宣传上就可以通过"莫兰迪色系"这个标签吸引用户的关注；当夏天快要来临时，女性想展现自己性感身材的时候，销售连衣裙的商家就可以将"穿上更性感"作为卖点。

2. 从服装的质量角度挖掘卖点

产品质量是用户购买产品时的一个关注重点。大部分人购买产品时，都会将产品的质量作为重要的参考要素。所以，主播在直播带货时，可以重点从产品的质量角度挖掘卖点。例如，主播在挖掘服装的卖点时，可以将商家标明的质量卖点作为直播的重点内容，向用户进行详细的说明。

3. 借助名人效应打造卖点

大众对于名人的一举一动都非常关注，他们希望可以靠近名人的生活，得到心理的满足。这时，名人同款就成为服装的一个宣传卖点。

名人效应早已在生活中的各个方面产生了一定的影响，例如，选用明星代言广告，可以刺激用户消费；明星参与公益活动项目，可以带领更多的人去了解、参与公益。名人效应就是一种品牌效应，它可以起到获取更多人关注的作用。

主播只要利用名人效应来营造、突出服装的卖点，就可以吸引用户的注意力，让他们产生购买欲望。

9.3.2 借助用户树立口碑

在用户消费行为日益理性化的情况之下，口碑的建立和积累可以让短视频和直播带货带来更好的效果。建立口碑的目的就是为品牌树立一个良好的正面形象，并且口碑的力量会在使用和传播的过程中不断加强，从而为品牌带来更多的用户流量，这也是为什么商家都希望用户能给好评的原因。

许多抖音直播中销售的产品，链接的都是淘宝等电商平台的产品详情页。而许多用户在购买产品时，又会查看店铺的相关评分，以此来决定要不要购买抖音直播中推荐的产品。所以，提高店铺的评分就显得尤为重要了。

在淘宝平台中，"店铺印象"界面中会对宝贝描述、卖家服务和物流服务进行评分，如图9-5所示。这3个评分的高低在一定程度上会影响用户的购买率。评分越高，用户的体验感越好，则店铺的口碑越佳。因此，主播在选择产品时，应该将产品所在店铺的评分作为一个重要的参考项。

图9-5 淘宝店铺的评分

优质的产品和售后服务都是口碑营销的关键，处理不好售后问题会让用户对产品的看法大打折扣，并且降低产品的复购率，而优质的售后服务则能让产品和店铺获得更好的口碑。

口碑体现的是品牌和店铺的整体形象，这个形象的好坏主要体现在用户对产品的体验感上，所以口碑营销的重点还是不断地提高用户体验感。具体来说，用户的体验感可以从 3 个方面进行改善，如图 9-6 所示。

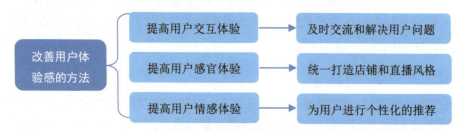

图 9-6　改善用户体验感的方法

那么，产品的良好口碑又会产生哪些影响呢？具体内容如下。

1．挖掘潜在用户

口碑营销在用户的购买中影响重大，尤其是潜在用户，这类用户会询问已购买产品的用户的使用体验。或者查看产品下方的评论，查找用户的使用感受。所以，已使用过产品的用户的评价在很大程度上会影响潜在用户的购买欲望。

2．提高产品复购率

对于品牌和店铺来说，信誉是社会认同的体现，所以好口碑也是提高产品复购率的有效方案。

3．增强营销说服力

口碑营销相较于传统营销更具有感染力，口碑营销的产品营销者其实是使用过产品的用户，而不是品牌方，这些使用过的用户与潜在用户一样都属于用户，对潜在用户作出购买决定更有影响力。

4．节约营销成本

口碑的建立能够节约品牌在广告投放上的成本，为企业的长期发展节省宣传成本，并且替品牌进行推广传播。

5．促进企业发展

口碑营销有助于减少企业的营销推广成本，帮助企业获得更多忠实用户，从而推动企业的成长和发展。

由此不难看出，品牌和店铺的口碑对于抖音直播来说是非常重要的。一方面，主播在直播过程中可以借助良好的口碑吸引更多用户下单；另一方面，在直播中卖出产品之后，主播和商家需要做好售后，提高品牌和店铺的口碑。只有这样，用户才会持续地在你的直播间中购买产品。

9.3.3 围绕产品策划段子

主播在进行直播时可以策划各种幽默段子，将带货的过程变得更加有趣，让用户更愿意持续观看你的直播。

例如，在有着"央视段子手"之称的某位主持人与"口红一哥"共同为武汉带货的直播间，就运用了此方法。在这场直播中，主持人讲了许多段子，例如："我命由你们不由天，我就属于××直播间。"

"烟笼寒水月笼沙，不止东湖与樱花，门前风景雨来佳，还有莲藕鱼糕玉露茶，凤爪藕带热干面，米酒香菇小龙虾，守住金莲不自夸，赶紧下单买回家，买它买它就买它，热干面和小龙虾。"

"奇变偶（藕）不变，快快送给心上人。""人间唢呐，一级准备，OMG，不是我一惊一乍，真的又香又辣，好吃到死掉的热干面令人不能作罢，舌头都要被融化，赶紧拢一拢你蓬松的头发，买它买它就买它，运气好到爆炸，不光买到了还有赠品礼包这么大，为了湖北我也是拼了，天呐！"等等。

当主播在直播间中讲述幽默段子时，直播间的用户通常会比较活跃。很多用户都会在评论区留言，更多的用户会因为主播的段子比较有趣而留下来继续观看直播，因此，如果主播能围绕产品特点多策划一些段子，那么直播内容就会更吸引用户。在这种情况下，直播间获得的流量和销量也将随之而增加。

9.3.4 展现产品自身的实力

在抖音直播过程中，主播可以展示使用产品之后带来的改变。这个改变也是证明产品实力的好方法，只要改变是好的，对用户而言是有实用价值的，那么用户就会对你推荐的产品感兴趣。用户在观看抖音直播时如果发现了产品的与众不同，就会产生购买欲望，所以在直播中展示产品带来的变化是非常重要的。

例如，某销售化妆品的店铺在策划抖音直播时，为了突出自家产品的非凡实力，决定通过一次以"教你一分钟化妆"为主题的直播活动来教用户化妆。因为一分钟化妆听起来有些不可思议，所以该直播吸引了不少用户的目光。这场直播不仅突出了产品的优势，而且还教会了用户化妆的技巧。因此，该店铺的这场直播，不仅在短时间内吸引了6000多人观看，还获得了数百笔订单。

9.3.5 比较同类产品的差价

俗话说"没有对比就没有伤害",买家在购买商品时都喜欢"货比三家",然后选择性价比更高的商品。但是很多时候,用户会因为不够专业而无法辨认产品的优劣。此时主播在直播中需要通过与竞品进行对比,以专业的角度,向用户展示差异化,以增强产品的说服力和优势。

对比差价在直播中是一种有效的方法,可以带动气氛,激发用户购买的欲望。相同的质量,价格却更优惠,那么该直播间一定会获得更高的销量。常见的差价对比方式就是,将某类产品的直播间价格与其他销售渠道中的价格进行对比,让用户直观地看到直播间产品价格的优势。

例如,某短视频直播间中销售的煲汤砂锅的常规价为 9.9 元,券后价只要 7.9 元,如图 9-7 所示。此时,主播便可以在电商平台上搜索"煲汤砂锅",展示其价格,让用户看到自己销售的产品的价格优势,如图 9-8 所示。

图 9-7 短视频直播的煲汤砂锅价格　　图 9-8 电商平台上煲汤砂锅的价格

从上面两张图中不难看出,该抖音直播间销售的煲汤砂锅在价格上有明显的优势。在这种情况下,观看直播的用户就会觉得该直播间销售的煲汤砂锅,甚至是其他产品都是物超所值的。这样一来,该直播间的销量便会得到明显的提高。

9.3.6 增值内容提高获得感

在直播时要让用户心甘情愿地购买产品,其中比较有效的一种方法就是为用户提供增值内容。这样一来,用户不仅获得了产品,还收获了与产品相关的知识或者技能,自然是一举两得,购买产品时就会毫不犹豫。

那么在增值的内容方面应该从哪几点入手呢？笔者将其大致分为3点，即陪伴、共享以及学到东西。

典型的增值内容就是让用户从直播中获得知识和技能。比如天猫直播、淘宝直播和聚美直播在这方面就做得很好，一些利用直播进行销售的商家纷纷推出产品的相关教程，给用户带来更多软需的产品增值内容。

例如，某销售手工产品的抖音直播间中，经常会向用户展示手工产品的制作过程，如图9-9所示。该直播不仅能让用户看到手工产品的制作过程，还会教用户一些制作技巧。

图9-9 展示手工产品的制作过程

在主播制作产品的同时，用户还可以通过弹幕向其咨询制作产品的相关问题，比如"这个花是用什么材质做的？""这里是要把材料慢慢地捏成花瓣的形状吗？"等，主播通常也会耐心地为用户进行解答。

这样的话，用户不仅通过抖音直播得到了产品的相关信息，而且还学到了产品制作的窍门，对手工制作也有了更多了解。而用户在了解了产品的制作过程之后，就会想要买主播制作的产品，或者购买材料，自己动手制作手工产品。这样一来，直播间产品的销量自然也就上去了。

9.3.7 呈现产品的使用场景

在直播营销中，要想不露痕迹地推销产品，不让用户感到太反感，比较简单有效的方法就是将产品融入场景中。这种场景营销类似于植入式广告，其目的在于营销，方法可以多式多样。具体来说，将产品融入场景中的技巧，如图9-10

所示。

```
                    ┌─ 场景的选择要注意展现产品的优势
将产品融入场景  ─────┼─ 产品的展示与场景在衔接上要求自然
    中的技巧        └─ 提高主播在直播中随机应变的能力
```

图 9-10　将产品融入场景中的技巧

如图 9-11 所示，为某销售茶叶的直播间的相关画面。在该直播间中，主播在家中拿着一个款式比较常见的茶杯，向用户展示泡好的茶。因为在日常生活中，许多人在家里都会用这样的茶杯泡茶，所以用户在看到这样的泡茶场景之后会觉得非常熟悉，就像直播中泡茶的就是自己，这便达到了让用户融入产品使用场景中的目的了。

图 9-11　某销售茶叶的抖音直播间的相关画面

因此，用户看到抖音直播中展示的茶叶使用场景之后，就会觉得该茶叶看上去很不错。这样一来，观看直播的用户自然更愿意购买该茶叶，而茶叶的销量自然也就上去了。

9.3.8　选用专业的直播导购

产品不同，推销方式也就有所不同，在对专业性较强的产品进行直播带货时，具有专业知识的内行更容易说服用户。例如，观看汽车销售类抖音直播的用户多为男性用户，并且这些用户喜欢观看驾驶实况，他们大多是为了了解汽车资讯以及买车才观看直播的，所以如果挑选有专业知识的主播进行导购，会更受用户的青睐。

在汽车直播中，用户关心的主要还是汽车的性能、配置以及价格，所以更需要专业型的导购进行实时讲解。

如图 9-12 所示，为某汽车销售类抖音直播的相关界面。该直播中的主播本身就是对汽车的各项信息都比较了解的汽车销售，所以，其进行直播时的讲解就比较专业。也正是因为如此，许多对汽车比较感兴趣的用户看到该直播之后就快速被吸引住了。

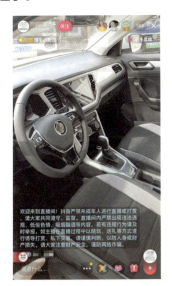

图 9-12　专业汽车销售进行抖音直播

第 10 章
商品橱窗：将产品集中地进行展示

学前提示　　对于需要通过带货实现变现的运营者来说，商品橱窗是必须重点把握好的。这不仅是因为商品橱窗中可以对产品进行集中展示，更是因为开通商品橱窗之后，才能在短视频和直播中添加产品链接。所以，了解并用好商品橱窗就显得尤为重要了。

10.1 商品橱窗的基础认知

对于需要通过带货进行变现的运营者和主播来说,商品橱窗是必须用好的一个功能。本节笔者就来对商品橱窗的一些相关内容进行详细讲解,让大家对商品橱窗这个功能有一个基础的认知。

10.1.1 开通商品橱窗的好处

对于运营者来说,在抖音短视频平台中开通商品橱窗功能主要有 3 个好处,具体如下。

1. 集中展示商品

开通商品橱窗之后,运营者可以借助商品橱窗功能添加商品(添加商品的具体操作步骤笔者将在 10.2.1 小节中进行讲解),添加的商品会集中出现在抖音号的橱窗中。而用户在查看抖音号的商品橱窗时,可以查看和购买橱窗中的商品。具体来说,用户可以通过以下步骤购买商品橱窗中的商品。

步骤 01 进入开通了商品橱窗功能的抖音号的主页界面,点击界面中的"商品橱窗"按钮,如图 10-1 所示。

步骤 02 操作完成后,会自动进入该抖音号商品橱窗界面的"自卖"板块,该板块中会展示运营者的自卖商品,如图 10-2 所示。如果用户点击界面中的"推荐"按钮,则可进入"推荐"板块,查看运营者推荐的商品,如图 10-3 所示。

图 10-1 点击"商品橱窗"按钮

图 10-2 某抖音号商品橱窗的"自卖"板块

步骤 03 如果运营者要查看商品橱窗中某件商品的具体信息,或者购买某件商品，可以点击该商品的对应位置。操作完成后，即可进入该商品的信息展示界面，查看商品的相关信息。如果用户想要购买该产品，可以点击界面中的"领券购买"按钮，如图10-4所示。

图10-3 某抖音号商品橱窗的"推荐"板块

图10-4 点击"领券购买"按钮

步骤04 操作完成后，进入商品选购界面。用户可以设置需要购买的商品的规格和数量等信息，设置完成后，点击"领券购买"按钮，如图10-5所示。

步骤05 操作完成后，进入订单信息界面。用户可以在该界面中查看订单信息，确认信息无误之后，只需点击"提交订单"按钮，并支付对应的金额，即可完成下单了，如图10-6所示。

图10-5 点击"领券购买"按钮

图10-6 点击"提交订单"按钮

2. 获得购物车功能

开通商品橱窗之后，抖音号便获得了购物车功能。运营者可以借助购物车功能，在抖音短视频和直播中添加商品的购买链接，如图 10-7 所示。而用户看到短视频和直播中添加的商品购买链接之后，只需点击该链接便可查看和购买商品，这无疑为抖音带货带来了极大的便利。

图 10-7　借助购物车功能添加商品的购买链接

3. 增加商品销售渠道

对于运营者和主播来说，无论是在商品橱窗中展示商品，还是借助购物车展示产品，实际上都是在向用户销售产品。随着商品出现在商品橱窗中，以及被添加到短视频和直播中，商品的销售渠道自然也就增加了。而这样一来，运营者和主播的变现机会也就增多了。

10.1.2　开通商品橱窗的方法

正是因为开通商品橱窗可以更好地进行带货，所以大多数运营者会选择开通商品橱窗。那么，如何快速地开通商品橱窗呢？接下来笔者就来讲解开通商品橱窗的具体步骤。

步骤01　进入抖音短视频 App 的"我"界面，点击界面中的 ☰ 图标，如图 10-8 所示。

步骤02　操作完成后，会弹出一个提示框。点击提示框中的"创作者服务中心"按钮，如图 10-9 所示。

图 10-8　点击■图标　　　　图 10-9　点击"创作者服务中心"按钮

步骤 03 进入创作者服务中心界面，点击界面中的"商品橱窗"按钮，如图 10-10 所示。

步骤 04 操作完成后，进入"商品橱窗"界面，点击界面中的"商品分享权限"按钮，如图 10-11 所示。

图 10-10　点击"商品橱窗"按钮　　图 10-11　点击"商品分享权限"按钮

步骤 05 操作完成后,进入"商品分享功能申请"界面,如图 10-12 所示。运营者需要进行实名认证,交纳 500 元的商品分享保证金,并点击界面下方的"立即申请"按钮。

步骤 06 操作完成后,进入"我"界面,如果界面中出现"商品橱窗",就说明"商品橱窗"开通成功了,如图 10-13 所示。"商品橱窗"开通之后,运营者便可以添加商品并进行带货变现了。

图 10-12 "商品分享功能申请"界面

图 10-13 "商品橱窗"开通成功

10.1.3 查看橱窗商品的数据

将商品添加到商品橱窗之后,如何分析该商品的销售情况以及商品橱窗的整体销售情况呢?对此,运营者可以通过以下步骤,查看商品橱窗的相关数据,并在此基础上进行数据分析。

步骤 01 登录抖音短视频账号,进入"我"界面,点击界面中的"商品橱窗"按钮,如图 10-14 所示。

步骤 02 进入"商品橱窗"界面,点击界面中的"数据看板"按钮,如图 10-15 所示。

步骤 03 操作完成后,即可进入"数据看板"界面,查看橱窗中商品的成交数据、流量数据、互动数据和用户画像等信息(因为此时笔者刚添

图 10-14 点击"商品橱窗"按钮

加了1件商品，还未对该商品进行营销推广，所以相关的数据还未显示），了解商品的受欢迎程度，如图10-16所示。

图10-15 点击"数据看板"按钮

图10-16 查看相关数据

通过这些数据的分析，运营者不仅能够快速了解商品橱窗中商品的销售情况，还可以了解用户画像的相关信息。因此，如果运营者要想更好地进行电商运营，查看和分析橱窗商品的数据是很有必要的。

10.1.4 禁止发布的商品类目

抖音官方通过发布管理规则的方式，对禁止发布的商品类目进行了展示。运营者可以通过以下步骤，查看具体的禁止发布的商品类目。

步骤 01 登录抖音短视频账号，点击"我"界面中的"商品橱窗"按钮，进入"商品橱窗"界面。点击"规则中心"一栏，如图10-17所示。

步骤 02 操作完成后，进入"规则中心"界面。点击界面中的"新手必读"按钮，如图10-18所示。

步骤 03 操作完成后，会弹出一个新的界面。点击界面中"禁止发布信息及管理规则"后方的"去学习"按钮，如图10-19所示。

步骤 04 操作完成后，即可进入《禁止发布信息及管理规则》的展示界面，如图10-20所示。

步骤 05 向上滑动界面，即可在"第五章"中查看具体的禁止发布商品/信息、具体情形、规则背景及依据、违规情形等信息，如图10-21所示。

图 10-17　点击"规则中心"一栏

图 10-18　点击"新手必读"按钮

图 10-19　点击"去学习"按钮

图 10-20　《禁止发布信息及管理规则》的展示界面

　　该规范中对 22 类禁止发布的商品进行了说明，运营者可以进行具体查看。同时，为了更好地规范抖音电商运营，避免运营者发布和销售禁售类目中的商品，抖音官方也给出了相对应的违规处理措施，如图 10-22 所示。

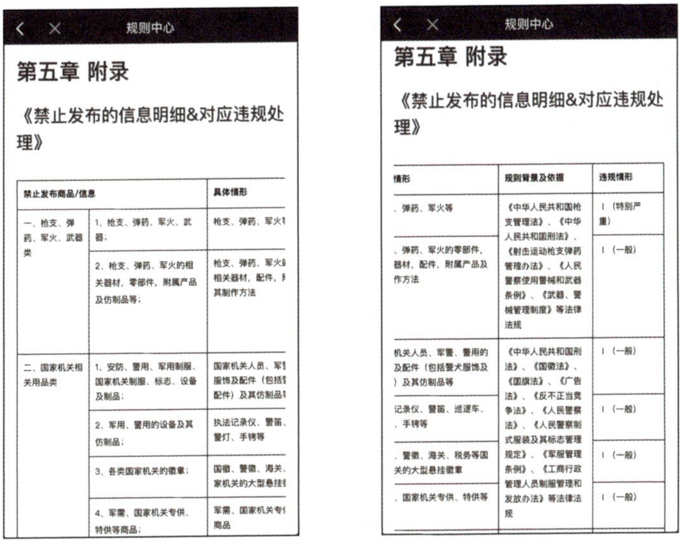

图 10-21 查看禁止发布的商品类目的相关信息

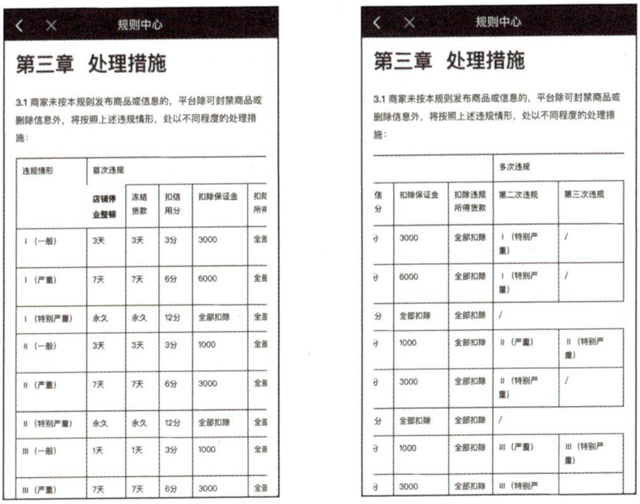

图 10-22 违规处理措施

10.1.5 购物车商品分享规范

运营者可以通过《抖音购物车商品分享社区规范》了解购物车商品分享规范。具体来说，在该规范中，运营者需要重点把握 3 个方面的内容。一是购物车商品信息发布规范，主要包括标题、主图和商品信息规范，如图 10-23 所示。

第三章 抖音购物车商品信息发布规范

抖音用户在通过购物车分享商品的过程中，除了须遵循本章的相关要求外，同样须遵守第四章“抖音购物车一般内容规范”的要求。

一、标题

此处标题包括购物车标题、第三方平台商品标题、视频标题

1. 标题应以描述商品本身属性为目的，标题中各商品属性内容应客观真实，且与实际商品和商品详情页相关联；
2. 标题中禁止使用“国家级”、“最 **”、“第一”、“绝无仅有”、“万能”等夸大或误导性的极限词；
3. 标题不得重复关键词或出现与商品名称、品类无关的关键词；
4. 禁止使用“点击领红包”、“点击参加抽奖”、“点击看美女”、“你的通讯录好友”、“ta 正在关注你”、“530 万人看过”等引导点击的内容；
5. 标题上不能出现售卖数量，如 20 片、5 包等；不能出现价格，如 20 元等，避免商家促销活动前后售卖数量、价格有变化，造成对用户误导；
6. 不能出现活动、促销信息（包括且不限于满减、特价、清仓、XX 元包邮、秒杀等），以避免促销信息变化，造成对用户误导；
7. 分享的商品信息与视频内展示商品必须一致（包括品牌、款式等）；
8. 其他法律法规、平台规定禁止出现的内容。

二、主图

主图即购物车卡片所附商品图片

1. 图片需清晰展示商品，容易辨识（禁止大量文字覆盖）；
2. 第一张主图必须为商品主体正面实物图，其余辅图需包含侧面、背面、平铺及细节等；
3. 商品图片和详情中不得进行与商品信息无关的描述，比如出现外部网站的 logo、联系账号、二维码等广告信息；
4. 主图图片不能过分暴露，应符合抖音平台及本社区规范对内容的要求；
5. 禁止展示拼图。

三、商品信息

1. 抖音用户在分享商品信息前，应当核实其接入的商家有相应的资质销售该商品，商品详情页本身不存在夸大宣传、虚假宣传的情况（具体标准详见第五章“抖音购物车特殊行业内容规范”）；
2. 抖音用户在分享商品信息前，应基于商品详情、商品价格等因素综合考量判断商品是否存在假冒侵权等情形，不得分享涉嫌假冒、盗版的商品信息；
3. 购物车短视频应系抖音用户本人对商品和服务使用后的推荐行为，不得出现未经使用，不了解商品的虚假推荐内容；抖音用户分享商品前应当详细核对商品，不得分享三无商品（即无生产厂家、无生产日期、无质量合格证的商品），不得分享资质等不合规的商品。

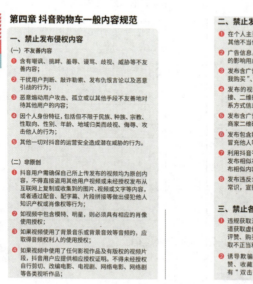

图 10-23　购物车商品信息发布规范

二是购物车一般内容规范，主要包括禁止出现的内容和行为（如禁止发布侵权内容、垃圾广告和不良信息，以及禁止出现的各类作弊行为），如图 10-24 所示。

第四章 抖音购物车一般内容规范

一、禁止发布侵权内容

（一）不友善内容

1. 含有嘲讽、挑衅、羞辱、谩骂、歧视、威胁等不友善内容；
2. 干扰用户判断、敲诈勒索、发布仇恨言论以及恶意引战的行为；
3. 恶意煽动用户攻击、孤立或以其他手段不友善地对待其他用户的内容；
4. 因个人身份特征，包括但不限于民族、种族、宗教、性取向、性别、年龄、地域归类而歧视、侮辱、攻击他人的行为；
5. 其他一切对抖音的运营安全造成潜在威胁的行为。

（二）非原创

1. 抖音用户需确保自己所上传发布的视频均为原创内容，不得直接盗用其他用户视频或未经授权发布从互联网上复制或收集到的图片、视频或文字等内容，或者通过配音、配字幕、片段拼接等做出侵犯他人知识产权或肖像权等行为；
2. 如视频中包含模特、明星，则必须具有相应的肖像使用授权；
3. 如果视频使用了背景音乐或背景音效等音频的，应取得音频权利人的使用授权；
4. 如果视频中使用了任何影视作品及有版权的视频片段，抖音用户应提供相应授权证明。不得未经授权自行剪切、改编电影、电视剧、网络电影、网络剧等各类视听作品；

二、禁止发布垃圾广告及其他不良信息

1. 在个人主页、作品、评论、私信中发布垃圾广告或其他不当信息；
2. 广告信息，包括但不限于以推广、销售、盈利为目的影响用户体验的内容；
3. 发布含广告销售意图的文字，如“可代购”、“找我购买”、“转卖”、“拼单”等；
4. 发布的视频包含非抖音技术接入的第三方平台链接、二维码，或出现电话号码、微信、二维码等联系方式信息的；
5. 发布含广告销售意图的图片，如图片中含有个人或商家二维码、购买方式水印等；
6. 发布包含欺骗性的恶意营销内容，如通过伪造经历、冒充他人等方式进行恶意营销；
7. 利用抖音平台以骚扰他人或以推广营销为目的重复发布相似视频、评论、私信或不同账号互相配合发布相似内容等行为；
8. 发布违反公序良俗的内容，宣传伪科学或违反科学常识，宣扬与社会主义核心价值观不符的内容。

三、禁止各类作弊行为

1. 违规获取流量：抖音用户不得以任何手段，任何渠道获取虚假流量（包括但不限于刷单、刷榜、刷转评赞、购买粉丝等）或违反抖音平台相关规则以获取不正当利益，扰乱平台方正常交易秩序；
2. 诱导欺骗用户：诱导 / 欺骗用户对视频进行点赞、收藏、分享，或对账号进行关注。（例如：有“双击有惊喜”，“关注就能领红包”等）。

图 10-24　购物车一般内容规范

三是购物车特殊行业内容规范，主要包括美妆、普通食品、酒品和生鲜等类别的内容规范，如图 10-25 所示。

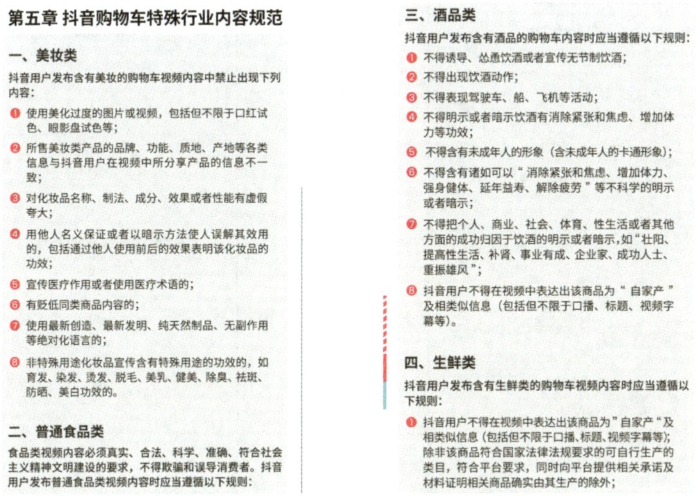

第五章 抖音购物车特殊行业内容规范

一、美妆类

抖音用户发布含有美妆的购物车视频内容中禁止出现下列内容：

1. 使用美化过度的图片或视频，包括但不限于口红试色、眼影盘试色等；
2. 所售美妆类产品的品牌、功能、质地、产地等各类信息与抖音用户在视频中所分享产品的信息不一致；
3. 对化妆品名称、制法、成分、效果或者性能有虚假夸大；
4. 用他人名义保证或者以暗示方法使人误解其效用的，包括通过他人使用前后的效果表明该化妆品的功效；
5. 宣传医疗作用或者使用医疗术语的；
6. 有贬低同类商品内容的；
7. 使用最新创造、最新发明、纯天然制品、无副作用等绝对化语言的；
8. 非特殊用途化妆品宣传含有特殊用途的功效的，如育发、染发、烫发、脱毛、美乳、健美、除臭、祛斑、防晒、美白功效的。

二、普通食品类

食品类视频内容必须真实、合法、科学、准确、符合社会主义精神文明建设的要求，不得欺骗和误导消费者。抖音用户发布普通食品类视频内容时应当遵循以下规则：

三、酒品类

抖音用户发布含有酒品的购物车内容时应当遵循以下规则：

1. 不得诱导、怂恿饮酒或者宣传无节制饮酒；
2. 不得出现饮酒动作；
3. 不得表现驾驶车、船、飞机等活动；
4. 不得明示或者暗示饮酒有消除紧张和焦虑、增加体力等功效；
5. 不得含有未成年人的形象（含未成年人的卡通形象）；
6. 不得含有诸如可以“消除紧张和焦虑、增加体力、强身健体、延年益寿、解除疲劳”等不科学的明示或者暗示；
7. 不得把个人、商业、社会、体育、性生活或者其他方面的成功归因于饮酒的明示或者暗示，如“壮阳、提高性生活、补肾、事业有成、企业家、成功人士、重振雄风”；
8. 抖音用户不得在视频中表达出该商品为“自家产”及相类似信息（包括但不限于口播、标题、视频字幕等）。

四、生鲜类

抖音用户发布含有生鲜类的购物车视频内容时应当遵循以下规则：

1. 抖音用户不得在视频中表达出该商品为”自家产“及相类似信息（包括但不限于口播、标题、视频字幕等）；除非该商品符合国家法律法规要求的可自行生产的类目，符合平台要求，同时向平台提供相关承诺及材料证明相关商品确实由其生产的除外；

图 10-25　购物车特殊行业内容规范

大家一定要仔细查看并熟悉这 3 个部分的规范，千万不要违规。否则，你的抖音号可能面临限流、扣除信用分、扣除保证金和封号等处罚，这样就得不偿失了。

10.2　商品橱窗的基本管理

通常来说，运营者第一次使用“商品橱窗”功能时，系统会要求开通电商功能。运营者只有开通了电商功能，才能对橱窗中的商品进行管理操作。具体来说，运营者可以通过以下步骤开通电商功能。

步骤 01 登录抖音短视频账号，进入“我”界面，点击界面中的“商品橱窗”按钮。

步骤 02 操作完成后，即可进入“开通电商功能”界面，如图 10-26 所示。

图 10-26　“开通电商功能”界面

步骤 03 向上滑动屏幕，阅读协议的相关内容，确认没有问题之后，点击下方的“我已阅读并同意”按钮，如图 10-27 所示。

步骤 04 操作完成后，如果显示“恭喜你已开通抖音商品推广功能！”，就说明电商功能开通成功了，如图 10-28 所示。

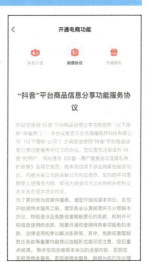

图 10-27　点击"我已阅读并同意"按钮　　图 10-28　电商功能开通成功

电商功能开通后，运营者便可以进行商品橱窗的基本管理了。商品橱窗的管理主要可以分为 5 个部分，即添加商品、删除商品、商品置顶、更新信息和预览橱窗。接下来笔者就来分别进行说明。

10.2.1 添加商品

对于运营者来说，在商品橱窗中添加商品非常关键，因为添加商品的任务如果在两个星期内没有完成，相关的权限就会被收回。如果运营者想通过短视频和直播带货，也要先在商品橱窗中添加产品。只有这样，才能将对应产品的链接添加至短视频和直播中。

运营者可以去商品橱窗添加商品，添加商品之后，如果运营者收到一条完成新手任务的消息，就说明添加商品到商品橱窗的任务完成了。那么，如何在抖音商品橱窗中添加商品呢？具体操作如下。

步骤 01　登录抖音短视频账号，点击"我"界面中的"商品橱窗"按钮，进入"商品橱窗"界面。点击界面中的"添加商品"按钮，如图 10-29 所示。

步骤 02　进入"添加商品"界面，在该界面中运营者可以通过搜索或添加商品链接的方式添加商品。以搜索商品进行商品的添加为例，运营者只需点击"搜索商品"按钮即可，如图 10-30 所示。

步骤 03　操作完成后，在输入栏中输入商品名称，点击"搜索"按钮，如图 10-31 所示。

步骤 04　进入"添加商品"界面，点击需要添加的商品后方的"加橱窗"按钮，如图 10-32 所示。

图 10-29 点击"添加商品"按钮　　图 10-30 点击"搜索商品"按钮

图 10-31 点击"搜索"按钮　　图 10-32 点击"加橱窗"按钮

步骤 05 操作完成后，会显示"已加入橱窗，可在「橱窗管理」入口进行管理"，如图 10-33 所示。

步骤 06 操作完成后，运营者会回到图 10-29 所示的"商品橱窗"界面。点击界面中的"橱窗管理"按钮，便可进入"橱窗管理"界面。如果该界面中出现刚刚添加的商品，就说明商品添加成功了，如图 10-34 所示。

第 10 章　商品橱窗：将产品集中地进行展示

图 10-33 显示"已加入橱窗"

图 10-34 商品添加成功

10.2.2 删除商品

当商品橱窗中的商品没货了,或者觉得商品橱窗中的某些商品不适合再销售时,运营者就需要进行删除商品的操作了。删除商品橱窗中的商品的具体操作步骤如下。

步骤 01 进入"商品橱窗"界面,点击界面中的"橱窗管理"按钮,如图 10-35 所示。

步骤 02 操作完成后,进入"橱窗管理"界面,点击界面中的"管理"按钮,如图 10-36 所示。

图 10-35 点击"橱窗管理"按钮

图 10-36 点击"管理"按钮

步骤 03 勾选需要删除的商品，点击"删除"按钮，如图 10-37 所示。

步骤 04 操作完成后，弹出"移除商品"提示框，点击提示框中的"确定"按钮，如图 10-38 所示。

图 10-37　点击"删除"按钮　　图 10-38　点击"确定"按钮

步骤 05 操作完成后，如果在橱窗管理界面中看不到刚刚勾选的商品了，就说明该商品移除成功了，如图 10-39 所示。

图 10-39　商品移除成功了

10.2.3　商品置顶

当添加的商品比较多时，运营者可以通过商品置顶功能，让更多用户看到某个商品。具体来说，运营者可以通过以下操作置顶商品。

步骤 01 进入抖音号的"橱窗管理"界面,点击界面中的"管理"按钮,如图 10-40 所示。

步骤 02 勾选需要置顶的商品,点击"置顶"按钮,如图 10-41 所示。

图 10-40 点击"管理"按钮　　　图 10-41 点击"置顶"按钮

步骤 03 操作完成后,勾选的商品便会自动置顶,点击界面中的"完成"按钮,如图 10-42 所示。

步骤 04 操作完成后,如果商品左侧的勾选圈消失,但刚刚勾选的商品还是置顶的,就说明商品置顶操作成功了,如图 10-43 所示。

图 10-42 点击"完成"按钮　　　图 10-43 商品置顶操作成功

10.2.4 更新信息

将商品添加到商品橱窗中之后,如果运营者需要调整商品的相关信息,可以进行商品信息的更新。具体来说,运营者可以通过以下步骤更新商品橱窗中商品的相关信息。

步骤01 进入抖音号的"橱窗管理"界面,点击界面中的 ○ 图标,如图10-44所示。

步骤02 操作完成后,会弹出一个提示框,点击提示框中的"确认"按钮,如图10-45所示。

图10-44 点击 ○ 图标

图10-45 点击"确认"按钮

步骤03 进入"编辑商品"界面,运营者可以在该界面中设置短视频推广标题等信息。信息设置完成后,点击"确认"按钮,如图10-46所示。

步骤04 操作完成后,返回"橱窗管理"界面。如果界面中出现"商品信息更新成功"提示,就说明商品信息更新成功了,如图10-47所示。

运营者可以根据商品信息及短视频内容更新商品信息。例如,当店铺中有优惠券时,运营者可以通过更新商品信息添加优惠券。又如,运营者可以通过更新信息中短视频推广标题的设置,让短视频推广标题更加贴合短视频内容。

10.2.5 预览橱窗

在商品橱窗中添加商品之后,运营者可以通过以下步骤预览橱窗,查看抖音号商品橱窗的带货口碑和销量等数据。

图 10-46 点击"确认"按钮　　图 10-47 显示"商品信息更新成功"

步骤 01 进入抖音号"橱窗管理"界面,点击界面中的"预览"按钮,如图 10-48 所示。

步骤 02 操作完成后,即可进入抖音号的商品橱窗界面。在该界面的上方会显示抖音号商品橱窗的带货口碑和销量等数据(因为笔者写稿时刚添加商品不久,还未进行带货操作,所以相关数据还未显示),如图 10-49 所示。

图 10-48 点击"预览"按钮　　图 10-49 显示抖音号商品橱窗相关数据

另外,运营者还可以点击界面中的"自卖"和"推荐"按钮,分别查看商品橱窗中"自卖"和"推荐"商品的相关信息。

第 11 章
抖音小店：自主打造抖音自营店铺

学前提示

抖音小店是抖音短视频平台的一个重要功能，同时运营者也可以将抖音小店打造成自营店铺。

运营者入驻抖音小店之后，可以将抖音小店的商品添加至短视频和直播中，用户只需点击对应的商品链接，便可以在抖音短视频平台中完成商品的购买，而无须跳转至其他平台，这无疑让商品的购买变得更加便利。

从零开始做抖音电商：引流涨粉＋直播带货＋橱窗小店＋广告盈利

11.1 了解抖音小店的基础知识

为什么要做抖音小店？抖音官方给出的解释是：为自媒体运营者提供变现工具，拓宽内容变现的渠道。对于运营者来说，通过添加别人淘宝店铺的商品，虽然可以获得一定的收益，但是这个比例通常是比较低的。而且在这种模式之下，运营者也很难进行变现。而如果开通了抖音小店，运营者便可以打造属于自己的抖音电商销售平台，快速获得应有的收益。

那么，运营者要如何入驻抖音小店，快速了解抖音小店呢？本节笔者就来为大家介绍抖音小店的一些基础知识。

11.1.1 入驻所需的材料和费用

入驻抖音小店之前，运营者需要清楚地了解入驻所需的材料和费用。对此，运营者可以通过如下操作，查看抖音小店的入驻资料和费用。

步骤01 进入抖店平台的"如何入驻"界面，选择开店主体和店铺类型；点击"选择类目"按钮，如图11-1所示。这里笔者以查看企业类普通店铺的入驻资料和费用为例进行说明。

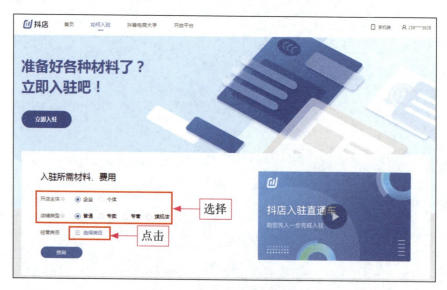

图11-1 点击"选择类目"按钮

步骤02 操作完成后，会弹出"选择一级经营类目"提示框。在提示框中选择经营大类和一级类目。这里笔者以选择"女装"为例进行说明，如图11-2所示。

步骤03 选择完成后，运营者可以查看一级类目包含的类目。查看完毕后，点击"确定"按钮，如图11-3所示。

图 11-2 选择"女装"为一级类目　　　　图 11-3 点击"确定"按钮

步骤 04 返回"如何入驻"界面，此时"经营类目"后方会出现刚刚选择的一级类目（即"女装"）。点击"经营类目"下方的"查询"按钮，如图 11-4 所示。

图 11-4 点击"查询"按钮

步骤 05 操作完成后，即可查看企业类普通店铺入驻所需的材料和费用，如图 11-5 所示。

除了企业类店铺之外，运营者还可以查看以个人为主体的店铺需要的入驻材料和费用。具体来说，运营者只需在"如何入驻"界面中，将"开店主体"选择为"个体"（个体为主体的店铺只有普通类型），选择经营类目，并点击"查询"按钮，便可查看以个人为主体的店铺需要的入驻材料和费用。如图 11-6 所示，为以个人为主体的女装店铺需要的入驻材料和费用。

图 11-5　企业类普通店铺的入驻材料和费用

图 11-6　以个人为主体的女装店铺需要的入驻材料和费用

图 11-6 以个人为主体的女装店铺需要的入驻材料和费用（续）

11.1.2 抖音小店的入驻方法

根据要求准备好各项入驻材料和费用之后，运营者便可以通过以下步骤入驻抖音小店了。

步骤01 进入抖店平台，点击"首页"界面中的"开启商家后台"按钮，如图 11-7 所示。

图 11-7 点击"开启商家后台"按钮

步骤02 操作完成后，进入账号登录界面。运营者可以用手机、邮箱或抖音号登录抖店平台。以用抖音号登录为例，运营者只需点击"抖音登录"按钮即可，如图 11-8 所示。

步骤03 操作完成后，进入"抖音"界面。这时界面中会出现一个二维码，如图 11-9 所示。

步骤04 进入抖音短视频平台的搜索界面，点击界面中的 图标，如图 11-10 所示。

步骤05 将镜头对准图 11-9 中的二维码，进行扫码。扫码完成后，即可进入"抖音授权"界面。点击界面中的"授权并登录"按钮，如图 11-11 所示。

从零开始做抖音电商：引流涨粉＋直播带货＋橱窗小店＋广告盈利

图11-8 点击"抖音登录"按钮

图11-9 "抖音"界面

图11-10 点击 图标

图11-11 点击"授权并登录"按钮

步骤 06 操作完成后，返回抖店的登录界面。勾选"我已阅读并同意服务协议和隐私条款"；点击"使用手机号×××****××××一键绑定"按钮，如图11-12所示。

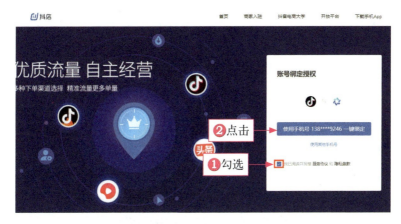

图11-12 点击"使用手机号×××****××××一键绑定"按钮

步骤 07 操作完成后，进入"请选择主体类型"界面。运营者可以根据自身需求，选择入驻主体的类型。以"个体工商户"入驻为例，运营者只需点击"个体工商户"下方的"立即入驻"按钮即可，如图11-13所示。

图11-13 点击"立即入驻"按钮

步骤 08 操作完成后，即可进行入驻操作了。具体来说，运营者要以"个体工商户"的身份入驻抖店，需要填写主体信息、店铺信息并进行资质审核和账号验证。如图11-14所示，为"填写主体信息"界面。操作完成后，即完成入驻。入驻完成后，运营者便可以登录抖店平台，打造自己的抖音小店了。

图 11-14 "填写主体信息"界面

11.1.3 抖音小店和商品橱窗的区别

抖音小店和商品橱窗的区别主要体现在以下 3 个方面。

（1）在抖音中的呈现上。抖音小店没有单独的聚合页进行展示，但是商品橱窗却有。

（2）在具体的性质上。抖音小店本质上是一种店铺形式，而商品橱窗却属于一种变现带货的功能。

（3）对于抖音带货的必要性上。抖音小店并非抖音带货的必要项，运营者即使没有小店，也可以通过销售他人的产品获利；而商品橱窗则是抖音带货的必要功能，用户只有开通了商品橱窗功能，才能进行带货变现。

11.1.4 抖音小店的呈现形式

和大多数店铺形式不同的是，抖音小店目前在抖音 App 内还没有专门的聚合页面。也就是说，用户在抖音内暂时还找不到写有"抖音小店"字样的页面。但是，运营者却能将抖音小店中的商品添加至抖音短视频和抖音直播中。

不过，作为抖音平台在电商方面的一大尝试，抖音小店可能会逐渐变成抖音平台的重要板块。未来，抖音小店是否会拥有特定的页面也未可知。

当然，抖音小店在抖音中还是有体现的。具体来说，当某个抖音短视频添加的商品来自抖音小店时，运营者可以点击商品链接，进入商品详情界面，并向上滑动页面，操作完成后，商品名称下方便会显示"商品来自小店"，如

图 11-15 所示。

图 11-15 查看短视频中来自抖音小店的商品

同样，在抖音直播中添加的小店商品也会显示"商品来自小店"。具体来说，如果抖音直播中添加了抖音小店的商品，运营者可以点击直播间中的图标，如图 11-16 所示。

操作完成后，在直播界面中会弹出商品列表提示框。点击列表框中来自抖音小店的商品对应的图片，如图 11-17 所示。

图 11-16 点击图标　　图 11-17 点击来自抖音小店的商品对应的图片

操作完成后，即可进入商品信息展示页。向上滑动商品信息展示页，如图 11-18 所示。进入商品详情页，页面中商品名称下方便会显示"商品来自小店"，如图 11-19 所示。

图 11-18　向上滑动商品信息展示页

图 11-19　显示"商品来自小店"

11.1.5　小店商品如何进行变现

抖音小店中的商品主要有两种带货变现方式：一是将小店中的商品直接添加到抖音短视频或直播中，通过卖货进行变现；二是让小店中的商品进入抖音精选联盟，通过提供一定的佣金，让其他抖音达人在视频或直播中添加小店的商品。如果有用户点击链接，购买小店中的商品，便可以实现变现。

11.2　利用相关功能做好抖音小店

大多数运营者之所以要开设抖音小店，就是希望通过小店的运营获得更多的成交收入。那么，如何运营小店才能获得更多的收入呢？本节笔者就来为大家介绍一些助力抖音小店运营的功能。

11.2.1　活动玩法功能

开设小店并开通部分抖音电商功能之后，运营者还可以通过一些活动玩法，拉动小店商品的销售，增加商品的购买量。

抖音平台中为运营者提供了"达人活动"服务，运营者可以积极地参与相关活动，借助活动进行小店商品的销售。具体来说，运营者可以通过以下步骤参与抖音推出的相关活动。

步骤 01 进入"商品橱窗"界面,点击界面中的"达人活动"按钮,如图 11-20 所示。

步骤 02 进入"达人活动"界面,该界面会显示正在进行的活动。如果运营者要参与某个活动,可以点击该活动下方的"立即报名"按钮,如图 11-21 所示。

图 11-20 点击"达人活动"按钮　　图 11-21 点击"立即报名"按钮

步骤 03 进入活动介绍界面,用户可以查看活动的相关信息。如果确定要参与活动,可以点击"活动报名入口"按钮,如图 11-22 所示。

步骤 04 操作完成后,按要求填写报名表。表格提交之后,如果显示"提交成功",便说明运营者报名成功了,如图 11-23 所示。

图 11-22 点击"活动报名入口"按钮　　图 11-23 报名成功

参与活动之后，运营者便可以在活动期间销售与活动相关的商品，来提高抖音小店商品的整体销量了。当然，为了让参与活动获得更好的效果，运营者在选择活动时一定要选择与自身产品相关的活动。否则，即便参与了活动，抖音小店商品获得的带货效果也比较有限。

11.2.2 课程中心功能

抖音有一个"课程中心"板块，该板块中会展示各种课程。运营者可以借助这些课程，学习抖音电商和抖音小店的运营经验。具体来说，运营者可以通过以下步骤，查看"课程中心"中的课程。

步骤01 进入"商品橱窗"界面，点击界面中的"抖音电商大学"一栏，如图11-24所示。

步骤02 进入"抖音电商大学-达人/机构版"界面，点击界面中的"课程中心"按钮，如图11-25所示。

图11-24 点击"抖音电商大学"一栏　　图11-25 点击"课程中心"按钮

步骤03 进入课程目录界面，该界面中会分类向运营者展示各种课程，运营者可以根据分类，查找课程。如果运营者要学习某个课程，可以点击该课程所在的位置，如图11-26所示。

步骤04 进入课程内容详情界面，如图11-27所示。运营者可以向上滑动界面，查看课程信息。如果课程内容详情界面中有视频，运营者还可以点击视频，进行全屏查看，如图11-28所示。

图 11-26　点击课程所在的位置　　图 11-27　课程详情界面　　图 11-28　全屏查看课程视频

11.2.3　考试中心功能

抖店平台中有一个"考试中心"板块，运营者可以通过该板块中的考试题目，对自身的抖音电商和抖音小店运营经验进行检测，做好查漏补缺工作。具体来说，运营者可以通过以下步骤，在"考试中心"中进行考试。

步骤 01　进入抖店平台，点击"首页"界面中的"抖音电商大学"按钮，如图 11-29 所示。

图 11-29　点击"抖音电商大学"按钮

步骤 02　进入"抖音电商大学"界面，点击界面中的"我是商家"按钮，如图 11-30 所示。

图 11-30　点击"我是商家"按钮

步骤 03　进入"抖音电商大学"的"首页"界面，点击界面中的"考试中心"按钮，如图 11-31 所示。

图 11-31　点击"考试中心"按钮

步骤 04　进入"考试中心"界面，该界面为用户提供了 3 类考试，即商家成长任务考试、商家重点规则考试和虚拟行业特色课程考试。如果运营者要参与某个考试，可以点击该考试下方的"立即考试"按钮，如图 11-32 所示。

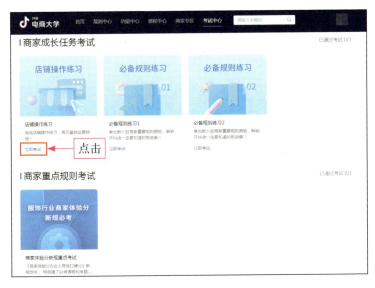

图 11-32　点击"立即考试"按钮

步骤 05　进入考试题目展示界面，界面中会出现 10 道选择题（有单选，也有多选），运营者需要在该界面中作答，如图 11-33 所示。

图 11-33　考试题目展示界面

步骤 06　作答完成后，点击界面下方的"提交"按钮，如图 11-34 所示。

步骤 07　答案提交后，系统会根据运营者给出的答案打分。如果运营者没有获得满分，便不能通过考试。此时，为了更好地掌握抖音电商和小店的相关知识和技巧，运营者可以点击"点击查看答案解析"按钮，如图 11-35 所示。

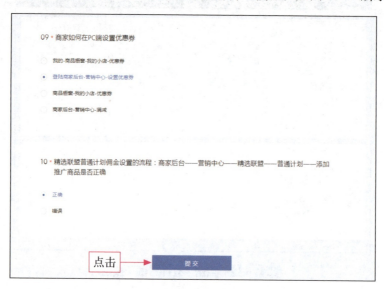

图 11-34 点击"提交"按钮

图 11-35 点击"点击查看答案解析"按钮

步骤 08 操作完成后，便可进入"答案解析"界面。如果运营者的答案是正确的，系统会在答案前面打"√"；反之，答案是错误的，系统会在答案前面打"×"，如图 11-36 所示。运营者可以重点查看自己答错的题，并掌握正确的答案。

步骤 09 掌握正确答案之后，运营者可以点击"考试中心"界面中的"立即考试"按钮，再次进行考试。如果考试获得了满分，对应考试下方的"立即考试"按钮，便会变成"再次考试"按钮，如图11-37所示。

运营者可以参照以上方法，参加"考试中心"中的全部考试，以更加全面地掌握抖音电商和抖音小店的运营知识和技巧。

图 11-36　"答案解析"界面

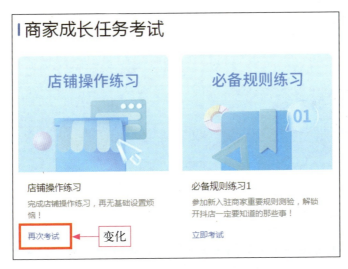

图 11-37　"立即考试"按钮变成"再次考试"按钮

第 12 章
广告变现：发挥抖音号的商业价值

学前提示　如果运营者不想通过卖货变现，或者觉得账号不适合通过卖货进行变现，那么不妨试一试通过接广告进行变现。广告变现为每个达人提供了变现的机会。只要你积累了足够多的粉丝，就能通过各大抖音广告投放类平台接投放任务，直接实现变现。

12.1 快速了解抖音广告变现

抖音变现的方式有很多,除了通过卖货获取收益之外,账号运营者还可以通过接广告,为品牌或企业定制内容的方式实现变现。这一节笔者就来重点讲解抖音广告投放和变现的相关内容。

12.1.1 什么是抖音短视频广告

抖音短视频广告,顾名思义,就是借助抖音短视频平台进行的产品宣传和信息推广。具体来说,抖音官方提供的广告形式主要有3种,即开屏广告、信息流广告和话题挑战活动广告。

开屏广告就是打开抖音短视频之后就能看到的广告。这种广告的呈现形式非常直接,用户进入抖音短视频平台的第一眼就能看见,因此对于产品和活动的展示可以起到很好的宣传作用。当然,如果用户不想看,也可以点击界面右上方的"跳过广告"按钮,直接跳过,如图12-1所示。

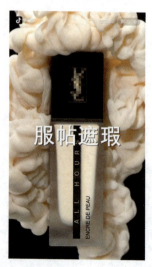

图12-1 开屏广告

信息流广告是以短视频的形式发布的广告形式。这类广告短视频的标题后方会出现"广告"字样,如果用户对广告内容比较感兴趣,也可以点击标题所在的位置,了解广告中的产品或软件的具体情况。如图12-2所示,为某游戏App的信息流广告,用户看到该广告之后,只需点击短视频标题,便可以在弹出的界面中了解该游戏的相关信息,还可以点击"获取"按钮,下载该游戏App。

话题挑战活动广告就是通过组织话题挑战活动的方式,对品牌及品牌旗下的产品进行宣传推广。品牌运营者可以在话题挑战活动中发布示范短视频,告诉抖音用户怎样参与活动，并在短视频中适当地对品牌及产品进行宣传推广，如图 12-3 所示。这类话题挑战活动为了刺激消费者积极参与，通常需要设置一些活动奖励，因此往往需要投入一定的广告成本。

图 12-2　某游戏 App 的信息流广告

图 12-3　话题挑战活动广告

除了这些官方提供的广告形式之外，运营者也可以通过一些其他的广告形式为他人进行产品和品牌推广，从而获得收益。例如，运营者可以通过发布短视频为产品或品牌打广告，获取广告收益；又如，运营者可以在短视频中添加商品链接，并对商品进行营销推广，从而通过商品的销售获得一定的佣金。

12.1.2　如何预约广告顾问咨询

如果企业号运营者需要在抖音短视频中投放广告，不妨先预约广告顾问咨询，了解广告投放的详情，判断自己适合哪种广告投放方式。那么，如何进行广告顾问咨询预约呢？具体操作如下。

步骤 01　在微信 App 中搜索"抖音广告助手"公众号，点击该公众号介绍界面中的"关注"按钮，如图 12-4 所示。

步骤 02　点击"抖音广告助手"公众号菜单栏中的"合作咨询"按钮；操作完成后会弹出一个提示框，点击提示框中的"广告投放"按钮，如图 12-5 所示。

图 12-4　点击"关注"按钮　　　图 12-5　点击"广告投放"按钮

步骤 03　进入"巨量引擎"微信小程序界面，点击界面中的"咨询推广"按钮，如图 12-6 所示。

步骤 04　进入"咨询推广"界面，在该界面中填写相关信息，并点击界面下方的"立即预约"按钮，如图 12-7 所示。操作完成后，运营者即完成了抖音广告顾问咨询的预约。

预约完成后，会有专门的抖音广告咨询顾问打电话过来介绍广告投放的相关信息。如果企业号运营者有投放广告的需求，只需根据广告咨询顾问的介绍，进行相关操作，并支付相应的广告投放费用，便可以实现抖音广告的投放，通过抖音官方的广告进行产品和信息的推广。

图 12-6　点击"咨询推广"按钮

图 12-7　点击"立即预约"按钮

12.1.3　广告合作中的 3 种角色

运营者要想通过抖音短视频广告来赚钱，就必须清楚它的基本组成角色。具体来说，抖音短视频广告合作中涉及的角色主要有 3 种，即广告主、广告代理公司以及短视频团队。

1．广告主

广告主也就是品牌、企业或者商家等有推广需求的人或组织，他们是广告活动的发布者，是宣传或销售自己产品和服务的商家，也可能是联盟营销广告的提供者。通俗点说，广告主就是出钱做广告的人。

近年来，在视频移动化、资讯视频化以及视频社交化的趋势带动下，移动短视频全面井喷式爆发，许多流量从 PC 端大量流入移动端。短视频广告不仅投入成本比传统广告更低，而且覆盖的人群也更加精准，同时植入产品的成长性更强，可以有效地触达品牌的受众。因此，许多广告主选择通过短视频广告进行营销推广。

2．广告代理公司

广告代理公司扮演了一个非常专业的角色，能够为广告主提供定制化的广告代理服务，同时拥有更多的广告渠道资源和达人资源，能够制作精美的和贴合品牌调性的抖音短视频广告。

当然，有时候在抖音短视频广告变现流程中，广告代理公司的角色是可有可无的，因为广告主可以直接和达人对接。但是，很多大型企业和大品牌仍然会选择与广告代理公司合作，这不仅是因为广告代理公司的渠道和资源优势，更是因为他们的渠道管理能力和视觉包装能力也是小团队所不能比的。

广告代理公司通常会实行集中化和标准化运作，在整体规划下进行专业化分工，使复杂的抖音短视频广告业务简单化，以提高经营效益。

3．短视频团队

短视频团队是短视频广告的"落地者"，他们肩负了策划拍摄、内容制作和后期剪辑等一系列短视频创作工作，对短视频广告的曝光和转化产生直接影响。

短视频团队不仅要为广告主拍摄广告视频，还要本着为粉丝提供优质内容的理念打造内容，这样才能吸引到粉丝的关注和参与。毕竟，内容才是短视频的核心，而这些被内容吸引过来的粉丝，则是短视频团队的财富。短视频团队只有转变传统的广告思维，注重内容和用户体验，才能将粉丝的痛点和广告主的宣传需求完美地结合起来，打造出高转化的短视频广告作品。

12.1.4　抖音广告合作的基本流程

对于那些拥有众多粉丝的账号和达人来说，广告是一种简单直接的变现方式，他们只需在自己的抖音短视频或直播内容中植入广告主的广告，即可获得一笔不菲的收入。那么，抖音短视频广告是如何合作的呢？具体来说，短视频广告合作的基本流程如图12-8所示。

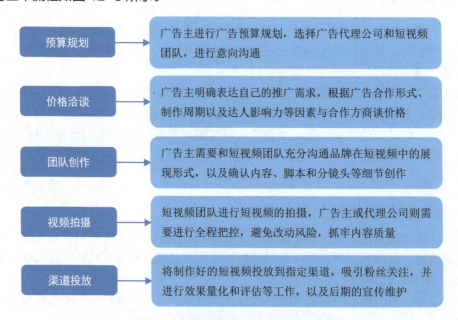

图12-8　短视频广告合作的基本流程

12.1.5 抖音广告任务的发布和接取

在抖音广告合作的过程中,有两个关键点:一是广告主发布广告任务,二是运营者或短视频团队接受任务。那么,如何发布和接受广告任务呢?下面笔者就以巨量星图平台为例,进行具体说明。

1. 发布广告任务

在巨量星图平台中,广告主可以用该平台客户的身份发布广告任务,具体操作步骤如下。

步骤 01 进入巨量星图平台的官网,选择"选择您的身份"板块中的"客户"选项,如图 12-9 所示。

步骤 02 进入账号登录界面,在该界面中,广告主可以选择通过邮箱、手机或抖音号登录平台。以手机登录为例,广告主只需输入手机号和验证码,点击"登录"按钮即可,如图 12-10 所示。

图 12-9 选择"客户"选项　　图 12-10 点击"登录"按钮

步骤 03 操作完成后,即可进入巨量星图平台的"首页"界面。点击界面中的"去认证"按钮(广告主要通过巨量星图平台发布广告任务,需要先进行认证),如图 12-11 所示。

步骤 04 进入认证界面,广告主需要依次点击界面中的"资质提交"和"对公验证"按钮,进行相关信息的认证。认证完成后,点击界面上方的"发布任务"按钮,如图 12-12 所示。

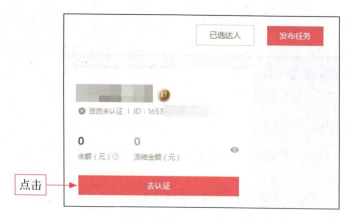

图 12-11 点击"去认证"按钮

图 12-12 点击"发布任务"按钮

步骤 05 进入广告任务设置界面,广告主需要在该界面中设置广告任务的营销目标、传播媒体、内容形式和发单模式。广告任务信息设置完成后,点击"下一步:去完善需求"按钮,如图 12-13 所示。

步骤 06 进入"抖音短视频任务"界面,在该界面中设置结算方式、基本信息、任务要求、投稿范围、优惠券和明细等信息。信息设置完成后,点击"发布任务"按钮,即可完成广告任务的发布,如图 12-14 所示。

以上是在巨量星图平台发布广告任务的具体方法。当然,除了发布广告任务之外,广告主还可以直接在巨量星图平台中查找达人,并与符合条件的达人达成广告合作。具体来说,广告主可以通过以下步骤与达人达成广告合作。

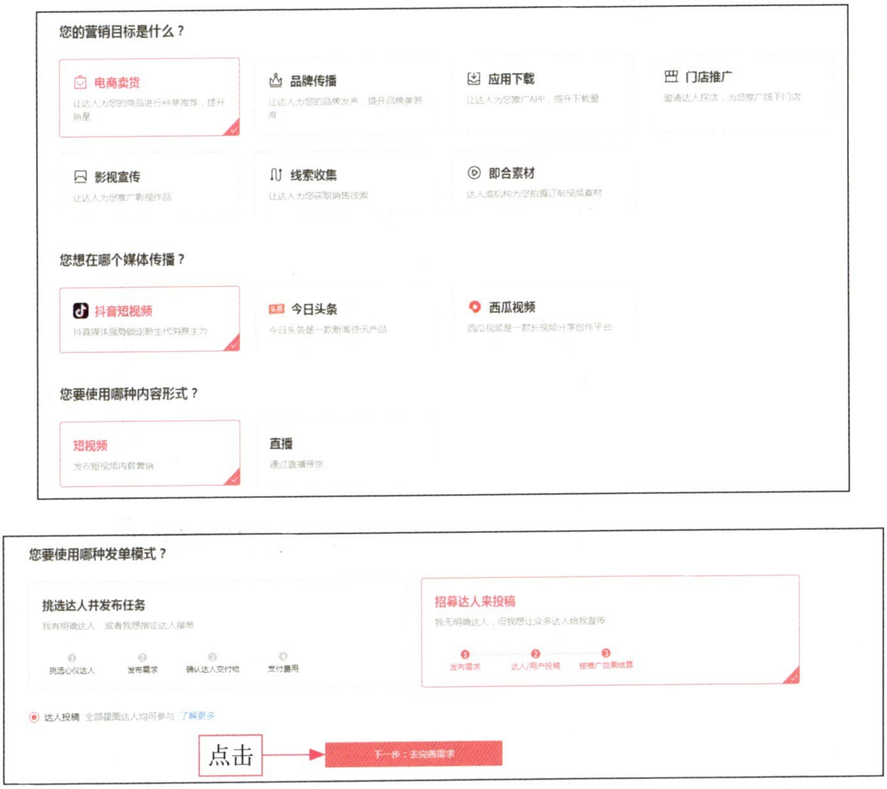

图 12-13 点击"下一步：去完善需求"按钮

图 12-14 点击"发布任务"按钮

第 12 章 广告变现：发挥抖音号的商业价值

步骤 01 进入巨量星图的"首页"界面,点击界面上方菜单栏中的"达人广场"按钮;操作完成后,会弹出一个提示框。选择提示框中的"内容传播达人"选项,如图12-15所示。

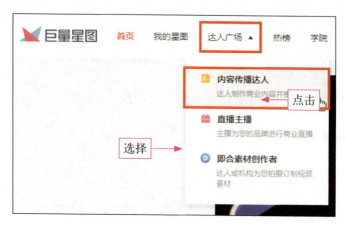

图12-15 选择"内容传播达人"选项

步骤 02 进入"内容传播达人"界面,广告主可以在该界面中选择达人的内容类型、适合行业、报价和粉丝数,搜索符合条件的达人。广告主如果看到符合条件的达人,可以点击达人账号信息后方的"添加"按钮,如图12-16所示。

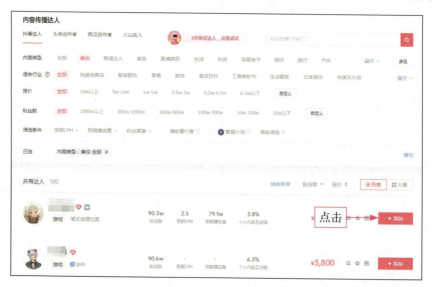

图12-16 点击"添加"按钮

步骤 03 操作完成后,即可将达人添加为好友。添加好友之后,广告主可以与达人协商合作的事宜,并签署合作协议,确定合作关系。

2. 接受广告任务

在巨量星图平台中，运营者可以用达人或创作者的身份接受广告任务，具体操作步骤如下。

步骤 01 进入巨量星图平台的官网，选择"选择您的身份"板块中的"达人/创作者"选项，如图 12-17 所示。

步骤 02 进入账号登录界面，选择界面中的"我是抖音达人"选项，如图 12-18 所示。

图 12-17　选择"达人/创作者"选项　　图 12-18　选择"我是抖音达人"选项

步骤 03 进入"抖音"界面，在该界面中会展示一个二维码，如图 12-19 所示。

图 12-19　展示二维码

步骤 04 进入抖音短视频平台的搜索界面,点击界面中的图标,如图 12-20 所示。

步骤 05 将镜头对准图 12-19 中的二维码,进行扫码。扫码完成后,即可进入"抖音授权"界面。点击界面中的"授权并登录"按钮,如图 12-21 所示。

图 12-20　点击图标　　　　图 12-21　点击"授权并登录"按钮

步骤 06 操作完成后,即可登录巨量星图平台。点击"我的星图"界面中的"抖音服务管理"按钮;点击"抖音传播任务"中的"申请开通"按钮,如图 12-22 所示。

图 12-22　点击"申请开通"按钮

步骤 07 根据系统提示开通"抖音传播任务"功能,需要特别说明的是,只有粉丝量大于 10 万,且内容调性健康合法的抖音号才能开通该功能。"抖音传播任务"功能开通后,运营者便可点击"任务大厅"按钮,进入"任务大厅"界面,接受符合条件的广告任务了。

12.2 常见的广告变现方式

在抖音短视频平台中,运营者可以通过多种方式进行广告变现。本节笔者就来为大家介绍 5 种常见的广告变现方式。

12.2.1 带货赚佣金

在抖音短视频平台中,运营者可以发布短视频广告,对他人的商品进行营销推广,并在短视频中为用户提供购买链接。这样一来,只要用户通过你的链接购买商品,你便可以通过带货获得佣金了。

在"添加商品"界面中,运营者可以看到每种商品的佣金(在"添加商品"界面中显示为"赚¥×××")。如果运营者要想获得更多佣金,可以点击界面中的"佣金率"按钮,让商品按照佣金率从高到低的顺序进行排序,如图 12-23 所示。

图 12-23 按照佣金率从高到低的顺序排列商品

运营者可以重点查看排在前列的产品,然后从中选择佣金数额相对较高的商品进行带货。当然,如果运营者想通过销量来保障收益,也可以点击"销量"按钮,让商品按照销量从高到低的顺序排列,并从中选择销量和性价比相对较高的商品进行带货。

12.2.2 广告代言

运营者的抖音号在积累了大量粉丝，并获得了较高的知名度之后，可能会被许多品牌邀请做广告代言。此时，运营者便可以通过广告代言的方式，直接实现抖音号变现了。

通常来说，粉丝数量多、知名度高的抖音号比较容易接到广告代言。正是因为粉丝数量多，所以账号的运营者或出镜者更容易受到广告主的青睐，从而接到许多广告代言，其中甚至不乏一些知名品牌的代言。而借助这些广告代言，运营者和出镜者及其团队自然就能获得可观的收益了。

12.2.3 发广告视频

运营者可以先与广告主达成合作，然后直接发布短视频为产品、店铺或品牌打广告，并赚取广告费。

如果运营者要为产品打广告，可以从为用户推荐优质产品，或从产品测评的角度出发，让用户看到产品的优势，从而激发用户的购买欲。如图12-24所示，为某手机测评短视频。在该短视频中，便是从测评的角度出发展示产品的优势。

图12-24 某手机测评短视频

如果运营者要为店铺或品牌打广告，则可以在短视频中对店铺内或品牌旗下的优质产品进行展示，然后告知店铺或品牌的名称，甚至可以告知用户购买该店铺或品牌产品的方法。

如图 12-25 所示，为某运营者发布的店铺营销短视频。在该短视频中，运营者以探店的方式为用户展示了店铺中的优质产品，并且在短视频中提供了店铺的定位。用户只要点击定位便可进入店铺中消费，这样一来，便可为店铺带来一定的流量，而运营者的短视频广告也就取得效果了。

图 12-25　某运营者发布的店铺营销短视频

12.2.4　直播打广告

在抖音中，除了短视频之外，直播也是可以打广告的。通常来说，在直播中打广告主要有两种形式，一种是在直播间中直接展示广告内容，另一种是在直播间中添加广告链接，让用户能够详细地了解广告内容和相关产品。

在直播间中直接展示广告内容就是在直播间中直接打广告，比如在有的直播间中，主播会通过口播的形式为产品、店铺或品牌打广告，这便属于在直播间中直接展示广告内容。

而在直播间中添加广告链接就是将广告信息（通常是游戏类广告信息）以链接的形式添加到直播间中。添加链接之后，直播界面的下方会出现 图标，用户点击该图标之后，便可以查看广告的详细信息，如图 12-26 所示。

当然，为了增强直播广告的效果，主播也可以采取一些措施。以在直播间中添加游戏广告链接变现为例，主播可以在直播中展示该游戏的操作过程，让用户看到该游戏的好玩之处，从而增强用户下载该游戏的欲望。

图 12-26　在直播间中添加广告链接

12.2.5　为自己打广告

除了给他人打广告之外，运营者还可以通过为自己打广告获得更多收益。通常来说，为自己打广告主要有两种方式，一种方式是在抖音号简介中展示与自己相关的产品，提高产品的曝光度，从而让更多用户愿意购买这些产品。

如图 12-27 所示，为某抖音号的主页界面。可以看到，该抖音号在简介中便展示了运营者编写的一些图书。该抖音号粉丝看到简介之后，出于对该运营者的信任会更愿意购买简介中出现的这些图书。这样一来，随着这些图书销量的提升，该运营者获得的版权收益也就相应地提高了。

图 12-27　在抖音号简介中展示产品

另一种方式是通过抖音短视频或直播展示自家店铺的产品，并为用户提供购买链接，从而通过产品曝光量的增加，提升产品的销量，让运营者或运营者所在的店铺获得更多收益。

如图 12-28 所示，为某运营者发布的一条短视频。在该短视频中，运营者便展示了自家淘宝店铺中的商品。用户只需点击短视频中的购买链接，便可直接前往该运营者的淘宝店铺中购买对应的产品了。

图 12-28　在短视频中展示自家店铺中的商品